ビジネス文書検定

実問題集

1・2級

● ● ● ● ● ●

第62回〜第66回

公益財団法人 実務技能検定協会 編

まえがき

　ビジネスの分野では，事務的な職務に携わる者に，ビジネス文書が書ける能力を誰に対しても求めています。

　ビジネス文書の能力とは，ビジネス的な文章・文書用語・様式・関連知識・書写などの知識技能のことで，事務処理のためには欠かせない基礎能力です。

　しかし現実には，その能力に対して企業などからの不満の声が高く，特に新入社員の国語力の不足や文章力の不足などが強調されています。また，就職試験シーズンになると，決まってマスコミが，入社試験の典型的な誤解答の例を挙げて適切性や正確性などの欠如を指摘しているのをご存じの方も多いことと思います。

　コミュニケーションの在り方や方法が，とかく取り沙汰される現代社会ですが，文字を通してとなると，今度はその能力の弱さが取り沙汰されるというのが実情です。

「ビジネス文書技能検定試験」は，このような状況を背景として，コミュニケーションの一方の重要な手段である，ビジネス文書についての知識技能を一定の審査基準によって判定しようとするものです。

　ビジネス文書には，一定の型や特有の言葉遣いがあり，それを会得することによって，ビジネスの場に対応できる正確・迅速な文書が書けることになります。

　本書への取り組みによって，ビジネス文書作成技能が向上することを望みます。

公益財団法人 実務技能検定協会　ビジネス文書検定部

本書の利用の仕方

1　本書は,「文部科学省後援ビジネス文書技能検定試験」の第62回から第66回に実施された1級と2級の試験問題を収載しました。

2　巻末の解答編には,実施回ごとに解答を掲載しました。解答のうち記述形式によるものは,問題の性格上,本書掲載の解答に限定されない「解答例」としています。また,この「解答編」は,必要に応じて本編から取り外して利用することができます。

3　選択問題は,「……適当と思われるものを選びなさい」,「……不適当と思われるものを選びなさい」などの違いに気を付けて読んでください。

4　試験時間は従来の例ですと,2級は130分,1級は140分です。本書の問題を解く際の参考にしてください。

　時間は有効に使って答案は隅々まで点検しましょう。一人でも多く合格できますよう,ご健闘をお祈りしております。

　　※本書は,第63回から第67回に実施された1・2級試験問題を収載予定でしたが,新型コロナ
　　　ウイルス感染拡大防止措置により,第67回試験(令和2年6月28日)は中止となりました。こ
　　　のため,第66回までの直近5回分の本試験問題を収載いたしました。

CONTENTS

まえがき	3
本書の利用の仕方	4
ビジネス文書技能検定 試験案内	6
ビジネス文書技能審査基準	8

問題編（試験実施日）

2級

第66回（2019.12.1）	11
第65回（2019.6.30）	29
第64回（2018.12.2）	49
第63回（2018.7.1）	69
第62回（2017.12.3）	87

1級

第66回（2019.12.1）	105
第65回（2019.6.30）	127
第64回（2018.12.2）	149
第63回（2018.7.1）	171
第62回（2017.12.3）	193

解答編

2級

第66回	3
第65回	8
第64回	13
第63回	18
第62回	24

1級

第66回	30
第65回	38
第64回	46
第63回	54
第62回	63

ビジネス文書技能検定 試験案内
各級共通

1　試験の範囲と合格基準

(1)試験の範囲は，次の3領域です。

　Ⅰ．表記技能（総合，用字，用語，書式）

　Ⅱ．表現技能（正確な文章，分かりやすい文章，礼儀正しい文章）

　Ⅲ．実務技能（社内文書, 社外文書, 文書の取り扱い, 1級は「添削指導」
　　が追加されます）

(2)合格基準：Ⅰ．Ⅱ．Ⅲ．の各領域において，それぞれの得点が60％以
　上のとき合格になります。

(3)級位には，3級，2級，1級があり，それぞれの級位によって必要とされ
　る技能の段階に違いがあります。2級および1級の詳細については8〜9
　ページの「ビジネス文書技能審査基準」を参照してください。

2　出題形式

　各級位とも，筆記試験によって受験者の技能を審査します。問題には，
選択肢による択一方式によるものと，記述式の解答をするものとがありま
す。いずれも解答は，問題用紙とは別にとじられた答案用紙に記入します。

3　合格率

　3級 87.0％　2級 63.6％　1級 35.7％　　（令和元年度実績）

4　受験資格

　誰でも受験することができます。学歴・年齢その他の制限は一切ありま
せん。

5　試験実施日と受験料

　年2回，6月と11月に実施します。ただし前後する場合があります。

　3級 2,800円　2級 4,100円　1級 5,800円　　（令和2年8月現在）

　※受験料は改定されることがあります。受験の際はホームページ等でご確認ください。

　3級と2級，または2級と1級の併願ができます。

6 受験申し込み方法

個人の申し込みは以下の二つの申し込み方法があります。

①インターネットで申し込む

パソコン，タブレット，スマートフォンで以下のアドレスにアクセスし，コンビニエンスストアまたは，クレジットカードで受験料を支払う。

URL　https://jitsumu-kentei.jp/

②郵送で申し込む

現金書留で，願書と受験料を検定協会に郵送する。
（願書は検定協会より取り寄せる）

受験願書の受付期間は，試験日のほぼ2カ月前から1カ月前です。ホームページや「ビジネス系検定案内」で確認してください。

7 検定についてのお問い合わせ

試験日，試験会場，合格通知，合格証の発行などについては，ホームページや「ビジネス系検定案内」をご覧ください。その他，不明の点は下記へお問い合わせください。

公益財団法人 実務技能検定協会　ビジネス文書検定部
〒169-0075　東京都新宿区高田馬場一丁目4番15号
電話（03）3200－6675

ビジネス文書技能審査基準

2 級

2級の程度：
実務に役立つ文書作成技能について，知識と技能との全般を身に付けていることにより，単独で普通の文書を正しく理解し，作成することができる。

領　域	内　容
I　表記技能	
(1)　総合	①文字を，丁寧に，正しく，読みやすく，整えて書くことができる。
(2)　用字	①普通の実用文に使われる常用漢字とビジネス用語に使われる漢字とを書くことができる。 ②常用漢字表にはあるが，仮名書きすべき語句を，知っている。 ③「現代仮名遣い」について，知っている。 ④「送り仮名の付け方」を，一定の基準に従って正しく使える。 ⑤数字が正しく書け，漢数字と算用数字との使い分けができる。 ⑥句読点の他，各種の区切り符号が正しく使える。
(3)　用語	①一般の用語について，知っている。 ②やや難しい同音異義語や異字同訓語を使い分けることができる。 ③慣用の手紙用語について，知っている。
(4)　書式	①縦書き通信文の構成とレイアウトについて，一応，知っている。 ②公印の押し方について，一応，知っている。
II　表現技能	
(1)　正確な文章	①やや長い文を，文法的によじれなく書くことができる。 ②意味の近い類義語を，使い分けることができる。 ③曖昧な用語や二通りに解釈できるような語句について，知っている。
(2)　分かりやすい文章	①内容を的確に表した表題（件名）が付けられる。 ②箇条書きなどを使って，文章を分かりやすくすることができる。 ③分かりやすくするための図表が十分書ける。
(3)　礼儀正しい文章	①人を指す言葉・敬称などを，よく知っている。 ②「お・ご（御）」を正しく付けられる。 ③動作の言葉に付ける尊敬語と謙譲語とを，一般的な場合に，正しく使うことができる。 ④丁寧な言葉遣い，丁寧な言い回しができる。 ⑤現在用いられている手紙上のエチケットやしきたりを，知っている。
III　実務技能	
(1)　社内文書	①一般の社内文書（稟議・規定・議事録など）が書ける。
(2)　社外文書	①普通の業務用社外文書が，文例を見て書ける。 ②簡単な社交文書が，文例を見て書ける。
(3)　文書の取り扱い	①受発信事務ができる。 ②「秘」扱い文書の取り扱いについて，よく知っている。 ③適切な郵便方法を選ぶことができる。 ④用紙の大きさ，紙質などについて，知っている。 ⑤印刷物の校正ができる。

©公益財団法人 実務技能検定協会

ビジネス文書技能審査基準

1 級

1級の程度：
実務に役立つ文書作成技能について，知識と技能とを十分に身に付けているとともに，必要に応じて，
これらを適切に指導することができる。

領　域	内　容
I　表記技能	
(1)　総　合	①文字を，丁寧に，正しく，読みやすく，整えて書くことができる。
(2)　用　字	①かなり難しい実用文に使われる常用漢字とビジネス用語に使われる漢字とを書くことができる。 ②常用漢字表にはあるが，仮名書きすべき語句を，よく知っている。 ③「現代仮名遣い」について，よく知っている。 ④「送り仮名の付け方」を，一定の基準に従って正しく使える。 ⑤数字が正しく書け，漢数字と算用数字との使い分けが完全にできる。 ⑥句読点の他，各種の区切り符号が正しく使える。
(3)　用　語	①一般の用語について，よく知っている。 ②難しい同音異義語や異字同訓語を，使い分けることができる。 ③慣用の手紙用語について，よく知っている。
(4)　書　式	①縦書き通信文の構成とレイアウトについて，知っている。 ②公印の押し方について，知っている。
II　表現技能	
(1)　正確な文章	①長い文を，文法的によじれなく書ける。 ②非常に意味の近い類義語を，使い分けることができる。 ③曖昧な用語や二通りに解釈できるような語句について，よく知っている。
(2)　分かりやすい文章	①内容を的確に表した表題（件名）が付けられる。 ②箇条書きなどを使って，文章を分かりやすくすることができる。 ③分かりやすくするための図表が十分書ける。
(3)　礼儀正しい文章	①人を指す言葉・敬称などを，よく知っている。 ②「お・ご（御）」を正しく付けられる。 ③動作の言葉に付ける尊敬語と謙譲語とを，複雑な場合にも正しく使うことができる。 ④丁寧な言葉遣い，丁寧な言い回しが，十分できる。 ⑤現在用いられている手紙上のエチケットやしきたりを，よく知っている。
III　実務技能	
(1)　社内文書	①一般の社内文書（稟議・規定・議事録など）が書ける。
(2)　社外文書	①例外的な場合の業務用社外文書が，文例を見て書ける。 ②複雑な社交文書が，文例を見て書ける。
(3)　文書の取り扱い	①受発信事務について，説明や指導ができる。 ②「秘」扱い文書の取り扱いについて，よく知っている。 ③適切な郵便方法を選ぶことができる。 ④用紙の大きさ，紙質などについて，よく知っている。 ⑤印刷物の校正ができる。
(4)　添削指導	①部下や後輩が書いたものについて，適切な助言や添削指導ができる。

©公益財団法人 実務技能検定協会

2級 第66回

試験時間 **130**分

2級

Ⅰ　表記技能

1．次は，社内講師が新入社員研修の際に言ったことです。①この中の(1)
　　および(2)の下線部分ａ・ｂを漢字で答えなさい。② (3)〜(5)の下線部分
　　には，漢字の読み仮名を片仮名で答えなさい。

(1) 今いる部署とは別の部署へ移ることを「ａイドウ」と言い，イドウを
　　正式に命令する文書を「ｂジレイ」と言います。

(2) 「ａツウキンテアテ」は，非課税額の範囲内でｂシキュウします。

(3) 貸し借りなどを互いに消し合って帳消しにすることを「相殺」と言い
　　ます。「ソウサツ」と読む人もいますが，正しくは「　　　　　」です。

(4) 「進捗状況」は「　　　　　」と読みます。「シンポジョウキョウ」など
　　と読まないように注意してください。

(5) 「現金出納」は「ゲンキンシュツノウ」ではなく，「　　　　　」です。
　　経理課などでは必須の用語ですので間違えないようにしてください。

	a		a
(1)		(2)	
	b		b
(3)			
(4)			
(5)			

12

Ⅰ 表記技能

2．次の各文の中で，下線部分の送り仮名が**適当**なものはどれか。一つ選び，番号で答えなさい。

(1) 経費を抑さえる（オサエル）。
(2) ジレンマに陥いる（オチイル）。
(3) 謹しんで（ツツシンデ）ご案内する。
(4) 会議進行の妨げ（サマタゲ）になる。
(5) そうそうたる面々が名を連らねる（ツラネル）。

3．次の文の下線部分(1)～(4)を漢字で書きなさい。

　　縦書き領収書などでは，金額の改ざんや誤記，誤読を避けるために，「一」を「　(1)　」，「二」を「　(2)　」，「三」を「　(3)　」，「十」を「　(4)　」のように別の漢数字に置き換えて記入するのが一般的である。

(1)	
(2)	
(3)	
(4)	

13

2級

4. 次の各文の下線部分の中で，①漢字の「始」を使わずに，仮名で書い
   た方がよいものはどれか，②漢字の「初」を使った方がよいものはど
   れか，それぞれ該当するものを一つ選び，番号で答えなさい。

(1) 新しい事業年度が始まる。
(2) 会議の始まりを知らせる。
(3) 悔やんでみても始まらない。
(4) 月始めは毎月のように忙しい。
(5) 社長を始め，全役員が出席する。
(6) 御用始めは，普通1月4日である。

① 仮名で書いた方がよいもの

② 「初」を使った方がよいもの

Ⅰ 表記技能

5．次の枠内は，「私儀」という語に関して説明したものです。この文章
について，①下線部分1には，読み仮名を書きなさい。②下線部分2に
該当する文（「私儀」が適切に使われているもの）を，下の(1)〜(5)の中
から一つ選び，番号で答えなさい。③下線部分3に該当する言葉を，3
文字で答えなさい。

「私儀」は「＿＿1＿＿」と読み，「私に関すること」という意味の語である。
実際の文書では，「＿＿2＿＿」のように使うのが普通である。
　なお，「私儀」と似た意味で使われる言葉に「＿＿3＿＿」がある。

---

(1) 私儀，このたび弊社代表取締役社長に就任いたしました

(2) 私儀は，このたび弊社代表取締役社長に就任いたしました

(3) 私儀には，このたび弊社代表取締役社長に就任いたしました

(4) 私儀こと，このたび弊社代表取締役社長に就任いたしました

(5) 私儀佐藤弘之は，このたび弊社代表取締役社長に就任いたしました

① 読み仮名

② 「私儀」が適切に使われているもの

③ 下線部分3に該当する言葉

15

2級

6. 次の各文の（　）内は,その上の下線部分の意味です。この（　）内の意味に従って,下線部分の□内に,該当する手紙用語やビジネス文書での言い方を書き入れなさい。

(1) 親しく皆様方の<u>ご□□</u>を伺いたいと存じます。
　　　　　　（ご意見）

(2) <u>①　　　</u><u>②</u>
　　 <u>□□</u>ながら,新任務に精励いたす<u>□□</u>でございます。
　　（大した力はないが）　　　　　（つもりである）

(3) まずは,<u>①　②</u>
　　 <u>□□</u>ながら書中<u>□□□□</u>ごあいさつ申し上げます。
　　　　（略式だが書面であいさつする）

(4) <u>□□</u>の候,ますますご清祥のこととお喜び申し上げます。
　　（1月を表す時候の語）

(1)			
(2)	①		
	②		
(3)	①		
	②		
(4)			

16

Ⅱ 表現技能

1．次の文を整えるため，下線部分を書き改めなさい。

「承る」という語の読み方は，「タマワル」ではなく，「ウケタマワル」と読む。

2．「および」は複数の事柄を同列に並べるときに用いる語です（例：「メモ帳および筆記具」）。では，同列に並べる事柄が三つ以上あるときはどのような書き方をするのが一般的か。次の中から**適当**と思われるものを一つ選び，番号で答えなさい。

(1) W店およびX店，Y店，Z店
(2) W店，X店，Y店およびZ店
(3) W店およびX店，Y店およびZ店
(4) W店およびX店およびY店およびZ店

2級

3. 次の社外文書を読み，適切な表題を付けなさい。

拝啓　貴社ますますご発展のこととお喜び申し上げます。

　さて，弊社製品ＡＫ３４５は，仕入先の部品生産中止に伴い，やむを得ず製造を中止することにいたしました。長年のご愛顧，誠にありがとうございました。

　これに伴い，今後の同製品の取り扱いは，在庫がなくなり次第販売終了とさせていただきますので，ご承知くださいますよう，お願いいたします。

　なお，近々，後継機種をご案内させていただきますので，引き続きご用命を賜りますよう，よろしくお願い申し上げます。

　まずは，取りあえずご通知申し上げます。　　　　　　　　　　　　敬具

4．次の内容に従って，広告を掲載する雑誌の一覧表を作成しなさい。

　　12月に掲載予定の雑誌広告は，次の通りである。

　　まず，『月刊マストＢＵＹ』である。発行元は「流行発信社」で，発行部数10万部，広告掲載料は120万円になる。次に，「シンデレラ出版」が発行している『ファッショニスタ』である。発行部数は20万部で広告掲載料は180万円である。最後は，『ガーリー通信』である。この雑誌は「パステル社」が発行元である。発行部数は24万部で，掲載料200万円となる。

2級

5．営業課の五十嵐慎一は，A社の担当者に直接会って新製品の説明をしたいと思っている。次は，この担当者に宛てた文書の中で面会を求めるための言い方として考えた文である。中から不適当と思われるものを一つ選び，番号で答えなさい。

(1) お目に掛かりたいと存じます。
(2) ご引見いたしたいと存じます。
(3) ご面会くださるよう，お願いいたします。
(4) ご面談いただきたく，お願いいたします。
(5) 30分ほどお時間をお割きいただけませんでしょうか。

Ⅱ 表現技能

6．次は，取引条件の照会状に対する回答状の一部です。この中の下線部
分(1)～(5)を，ビジネス文書の表現として適切な言い方に直しなさい。

さて，11月1日付のご照会状，受け取りました。特に当社を指名してくれて，

心からお礼します。

つきましては，貴社が希望される取引条件について，下記の通り回答します。

どうか検討の上で注文してくれるよう，お願い申し上げます。

なお，その他ご要望がございましたら，遠慮なくどんなことでも申し付け

てくれるようにお願いします。

(1)	
(2)	
(3)	
(4)	
(5)	

21

2級

Ⅲ 実務技能

1. 次の内容に従って，優秀販売店の表彰式を知らせる社内通知状を，記書きを交えて作成しなさい。

1　発 信 者　　営業本部長
2　受 信 者　　営業部員全員
3　発 信 日　　令和元年11月22日
4　文書番号　　営本発第80号
5　表　　題　　適切と思われるものを付けなさい。
6　担 当 者　　営業本部　篠田（内線288）
7　添付文書　　表彰式進行表　1部，担当任務表　1部

　うちの製品の販売に尽力してもらった優秀販売店の表彰式を，令和元年12月6日金曜日に執り行う。2部制となっているが，第1部（表彰式）が15時から15時45分まで，第2部（懇親会）が16時から18時までである。会場はプリンセスホール赤坂。

　内容は昨年と同じだが，担当チーフの指示の下に，担当ごとの打ち合わせを適宜行ってくれ。

※解答の記入欄は次ページです。

22

2級

2. 次の内容に従って，記書きを交えた会社移転のあいさつ状を作成しな
さい。

---

1 発　信　者　　株式会社ＫＹストア
2 受　信　者　　全取引先
3 発　信　日　　令和元年11月15日
4 表　　　題　　適切と思われるものを付けなさい。

　おたくの会社もますます盛んなこととお喜び申します。いつも特別のごひ
いきをもらって，心からお礼をします。
　さて，今度うちの会社は，東京都新宿区高田馬場一丁目4番15号（〒169-
0075）の住所に移転することになりました。これにより，電話番号は03-
3200-6675，ＦＡＸ番号が03-3204-6758となります。また，業務は令和元年12
月3日（火）から開始します。
　これを機会にして従業員全員，さらに業務に一生懸命励むつもりです。ど
うか，これからも一層の引き立てをくれるよう，お願いします。
　まずは，取りあえずお知らせとあいさつを申します。

※解答の記入欄は次ページです。

24

2級

3．次の各文の中から，「稟議書」の内容として適切なケースを一つ選び，
　番号で答えなさい。また，「稟議書」は何と読むか。読み仮名を答えな
　さい。

(1) 取引先からの苦情とその対応を上司に報告した。
(2) 老朽化した営業車両を買い替えてよいか上司に伺い出た。
(3) 日常業務で改善が必要と思われることを上司に申し出た。
(4) 商品の搬送中に交通事故を起こし，そのことを会社にわびた。
(5) 社外で行われたセミナーを受講し，その概要を上司に知らせた。

「稟議書」の内容として適切なケース

「稟議書」の読み仮名

Ⅲ 実務技能

4．畑山昭二が勤務するＹ社では，創立記念式典を開催することになり，畑山は取引先に宛てた招待状（縦書き）を作成することになった。次は，この招待状を作成するに当たり，先輩社員が助言したことである。中から適当と思われるものには○を，不適当と思われるものには×を付けなさい。

(1) 業務用の文書ではないので，表題は書かないのがよい。

(2) 頭語と結語は，「拝啓」「敬具」でよいが，格式の整った文書なので，「謹啓」「敬白」としてもよい。

(3) 前文は，「貴社ますますご健勝のこととお喜び申し上げます」とするのがよい。

(4) 末文は，「まずは，取り急ぎ書面にてご案内申し上げます」とするのがよい。

(5) 式典の開催日時・場所は，分かりやすいように箇条書きにするのがよい。

(6) 式典の担当部署は総務部なので，「総発第○○号」のように文書番号を付けるのがよい。

(7) 招待状の日付は，作成日ではなく発送日にするのがよい。

(8) 発信者は社長名にし，受信者名は「お取引先各位殿」とするのがよい。

(9) 式典の問い合わせに対応するため，担当者名を記入するのがよい。

(1)		(2)		(3)		(4)	
(5)		(6)		(7)		(8)	
(9)							

27

2級

5．次は，「料金受取人払」について述べたものです。中から不適当と思
  われるものを一つ選び，番号で答えなさい。

(1) この郵便を利用するには，郵便局で所定の手続きが必要である。

(2) 封書以外の郵便物は，この郵便を利用できない。

(3) 差出人は，切手を貼らずにポストに入れるだけでよい。

(4) 受取人が支払う料金は，郵便料金と手数料の合計金額である。

(5) 受取人は，料金を切手で支払ってもよい。

（第66回2級　終わり）

2級 第65回

試験時間 **130**分

2級

Ⅰ 表記技能

1．次の各文の下線部分は，会議に関係した用語です。それぞれ漢字で答
えなさい。

(1) ギジロクを作成する。

(2) ギチョウを選出する。

(3) テイソクスウを確認する。

(4) 緊急ドウギが提出される。

(5) ①シュッケツ通知は，②イニンジョウと兼用になっている。

(1)		(2)	
(3)		(4)	
(5)	①		
	②		

30

2．次の各文の下線部分の中で，仮名遣いが**適当**と思われるものを一つ選び，番号で答えなさい。

(1) 社内が活気づく。
(2) 図面（づめん）を引く。
(3) 少しづつ進歩している。
(4) 言葉遣い（ことばずかい）が悪い。
(5) 心尽くし（こころずくし）のもてなし。

3．「キ」と読む漢字は多数あり，意味もさまざまです。では，次の下線部分の「キ」は，それぞれどのような漢字になるか答えなさい。

(1) 万全をキする。
(2) 就業キ則を守る。
(3) キ密事項が漏れる。
(4) 努力が水泡にキした。
(5) 企画書を一キに書き上げる。

(1)		(2)	
(3)		(4)	
(5)			

2級

4．次の各文の下線部分について，漢字1文字に送り仮名を交えて適切に
書きなさい。

(1) お話を<u>ウカガウ</u>。
(2) ご注文を<u>ウケタマワル</u>。
(3) お引き立てを<u>タマワル</u>。

(1)	
(2)	
(3)	

5．次の各文の（　　）内は，その上の下線部分の意味です。この（　　）
内の意味に従って，下線部分の□内に，該当する手紙用語やビジネス
文書での言い方を書き入れなさい。

(1) <u>□□</u>より感謝申し上げます。
　　（心の奥底から）

(2) <u>ご□□</u>はかねて存じ上げております。
　　（お名前は）　注）「ご氏名」は除く

(3) 先着500名様に，<u>□□</u>を進呈いたします。
　　　　　　　　（「品物」を謙遜した言い方）

32

Ⅰ 表記技能

(4) □□□□ご容赦のほど，お願い申し上げます。
　　（悪く思わずに）

　　　　　　　　①　　　　　　　　②
(5) 平素は□□□□ならぬ ご愛顧に□□□□，厚く御礼申し上げます。
　　　　（①「格別の」に似た意味の言い方。②ごひいきにしてもらって）
　　　注）いずれも平仮名

(1)		
(2)		
(3)		
(4)		

(5)	①			
	②			

33

2級

6. 次は，会社名と会社の代表者名を連記したときの押印例で，□を①の
   印，○を②の印とします。この場合，下の(1)～(7)の下線部分に該当す
   る印に関する語・語句を，【語群】a～kの中から選び，それぞれ記号
   で答えなさい。

株式会社秀永堂本舗

代表取締役　松 川　剛 也　　○

(1) ①の印を「_____」という。
(2) ②の印を「_____」という。
(3) ①や②などを総称して「_____」という。
(4) ②の印は会社における「_____」である。
(5) ①の印は，この場合「_____」と彫られているのが一般的である。
(6) ②の印は，この場合「_____」と彫られているのが一般的である。
(7) ②の印は，会社設立時に「_____」へ届け出ることが義務付けられ
   ている。

【語群】
a 公印　　　b 消印　　　c 代表者印　　　d 認め印　　　e 社印
f 取引銀行　　　g 法務局　　　h 実印　　　i 代表取締役松川剛也
j 株式会社秀永堂本舗代表取締役之印　　　k 株式会社秀永堂本舗之印

(1)		(2)		(3)		(4)	
(5)		(6)		(7)			

34

Ⅱ 表現技能

1. 次の文章の不要な箇所（5カ所）を二重線（＝＝）で消し，文を整えなさい。

　　先般開催のビジネスショーに際しましては，関係各位の皆様方には，多大なる格別のご高配にあずかり，心から厚く御礼申し上げます。

　　おかげさまで，ショーも全日程を全て滞りなく終えることができました。

　　詳しくは，いずれ改めて詳細にご報告させていただきますが，取りあえず書中をもって御礼申し上げます。

---

2. 次の各文は，数に関する言い方とその意味について述べたものです。それぞれの下線部分に該当する数字を答えなさい。

(1) 「社長ほか5名」とは，全員で＿＿＿名ということである。
(2) 「7月4日以降」とは，7月＿＿＿日からということである。
(3) 「50名以上100名未満」とは，①＿＿＿名から②＿＿＿名までということである。

(1)	
(2)	
(3)	①
	②

35

2級

3. 次の文書を読み，適切と思われる表題を付けなさい。

拝啓　貴社ますますご隆盛のこととお喜び申し上げます。
　さて，このたび当社は，業務拡大に伴い下記住所へ店舗を移転いたすこと
になりました。これを機に，従業員一同，さらに精励いたす所存でございま
すので，何とぞ今後とも変わらぬお引き立てのほど，切にお願い申し上げま
す。
　まずは，取りあえずご通知かたがたごあいさつ申し上げます　　　　敬具

4. 次は，「甚だ遺憾」という言い方についての説明です。この中の下線
　部分A～Cについて，下の問いに答えなさい。

　「甚だ遺憾」は「＿＿A＿＿」と読み，「＿＿＿B＿＿＿」という意味の言葉で，
「＿＿＿C＿＿＿」のように使われる。

問1　「甚だ遺憾」は何と読むか，下線部分Aに読み方を平仮名で答えな
　さい。

A	だ

36

Ⅱ 表現技能

問2　下線部分BおよびCに該当するものを，次のそれぞれから一つ選び，
　　　番号で答えなさい。

B －　(1) 大変ありがたい
　　　(2) 大変光栄である
　　　(3) 大変残念である

C －　(1) このたびは最優秀販売店の栄誉に浴し，甚だ遺憾に存じており
　　　　　ます
　　　(2) 当日はご祝辞をいただきました上，佳品までご恵贈くださり，
　　　　　甚だ遺憾に存じます
　　　(3) 再三のご請求にもかかわらず，ご送金いただけませんでしたこ
　　　　　と，甚だ遺憾に存じます

B	
C	

37

2級

5．次の各文は，ビジネス文書で使われる慣用の文です。これを適切な文にするためにそれぞれの下線部分に，「推察する」という意味の語を書き入れなさい（「（ご）推察」は除く）。

(1) ご一同様には，ますますご活躍のことと＿＿＿＿＿＿いたします。

(2) 事情＿＿＿＿＿の上，ご了承くださいますよう，お願いいたします。

(1)	
(2)	

Ⅱ 表現技能

6. 次は, 新任担当者のあいさつ状の一部です。この中の下線部分(1)〜(6)
をあいさつ状として形式の整った表現に書き改めなさい。

さて, <u>私に関することですが</u>, このたび佐久間恭二の後を受けて, 貴地区を
(1)

担当いたすこととなりました。

<u>大した力量はありませんが</u>, 皆様方のご期待に沿えるよう, 鋭意努力する<u>つもり</u>
(2)   (3)

です。何とぞ前任者同様, <u>指導と励ましをくれるよう</u>, お願い申し上げます。
(4)

まずは, <u>略式だが手紙で</u> <u>あいさつします</u>。
(5)   (6)

---

(1)	
(2)	
(3)	
(4)	
(5)	
(6)	

39

2級

Ⅲ 実務技能

1．次の内容に従って，記書きを交えた新入社員配属先の社内通知状を作
　成しなさい。

　　1　発信者　　情報システム部長
　　2　受信者　　全部員
　　3　発信日　　令和元年7月25日
　　4　表　　題　　適切と思われるものを付けなさい。
　　5　担当者　　業務課　細田（内線285）

　　今度，4カ月にわたる研修を終えた新入社員の配属が，決定したので通知
　する。配属先だが，システム開発課には，富田沙也加さんと山村英恵さん。
　システムサポート課には，中村賢三君。コンサルティング課には，山口祐一
　郎君と柴田有美さんがそれぞれ配属になる。勤務開始は8月1日である。

　　（追伸として，次の内容を書きなさい）
　　なお，配属後，新人歓迎会を開催する。詳細は後日改めて通知する。

※解答の記入欄は次ページです。

40

2級

2. 次の内容に従って，記書きを交えた取引銀行支店名変更の通知状を作成しなさい。

1　発　信　者　　株式会社ウイング
2　受　信　者　　全取引先
3　発　信　日　　令和元年7月10日
4　表　　　題　　適切と思われるものを付けなさい。

　日ごろは特別のひいきをしてもらい，心からお礼を申します。
　さて，今度，当社取引銀行の支店統廃合によって，8月1日付で，取扱支店名が変更になります。変更になる支店は，マスター銀行の表参道支店です。新支店名はマスター銀行青山支店（支店コード010）です。
　ついては，お手数ですが，今後，購入代金等は新しい方に送金してくれるよう，お願いします。
　まずは，通知とお願いを申します。

（追伸として，次の内容を書きなさい）
　なお，口座番号と名義の変更はありません。

※解答の記入欄は次ページです。

2級

3. 次は請求書の書式例ですが，中に欠けている項目があります。それを三つ答えなさい。

請　求　書

_____　御中

東京都新宿区高田馬場1－4－15
栄光機器株式会社
代表取締役　橋本和紀㊞
電話03-3200-6675

下記の通りご請求申し上げます。

ご請求金額	_____

品　名	単　価	金　額
小　計		
消費税（8%）		

振込口座　城西銀行　高田馬場支店
　　　　　普通　No.1234789
名　　義　栄光機器㈱　代表取締役　橋本和紀

※解答の記入欄は次ページです。

Ⅲ 実務技能

①
②
③

4．営業課の柴田は，課長から「取引先の創立記念祝賀会に招待されたが，商談と日程が重なったので欠席として出しておくように」と出欠はがきを渡された。次は，柴田が作成したはがきだが，このままではいかにも事務的なので， _____ 部分①～③に何か書き添えたい。このような場合，一般的にはどのような言葉を添えるのがよいか。下の中から**適当**と思われるものを一つ選び，それぞれ番号で答えなさい。

創立二十五周年記念祝賀会に

ご出席

ご（欠席）

①

②

③

45

2級

① - （1）残念ですが所用のため

（2）重要な商談がありますため、恐れ入りますが

（3）せっかくご招待いただきましたが，外せない商談があり

② - （1）します。

（2）させていただきます。

（3）いたしたく，ご通知申し上げます。

③ - （1）深くおわび申し上げます。

（2）ご盛会をお祈りいたします。

（3）ご自愛のほど，祈念いたします。

①	
②	
③	

5．次の場合に利用した郵便を何というか。それぞれの名称を答えなさい。

（1）P社営業課では，毎月300通以上の郵便を出すので，切手を貼る手間
と郵便料金をその都度支払う手間を省くため，郵便局に申請して月ご
とに一括して料金を精算できるようにした。

（2）E社総務課の伊藤は，大きさと重さが同じ封書100通を郵便局に持っ
ていき，切手を貼らないで，郵送料として現金で8,200円（82円×100通）
を窓口で支払った。

46

(3) C社では，*DMに同封した返信用はがきを100通受け取ったので，その場で100通分の郵便料金と手数料を支払った。

＊「DM」とは，ダイレクトメールのこと。

(1)	
(2)	
(3)	

（第65回2級　終わり）

2級　第64回

試験時間 130分

2級

Ⅰ 表記技能

1. 次の文章の下線部分(1)～(6)を，漢字で書きなさい。

当社の<u>シュウギョウキソク</u>では，<u>ユウキュウキュウカ</u>を<u>シュトク</u>するときは，
(1)　　　　　　　　　(2)　　　　　　　　　(3)

<u>ショテイ</u>の用紙に必要事項を記入し，<u>オウイン</u>の上，提出しなければならない
(4)　　　　　　　　　　　　(5)

ことになっている。

なお，振り<u>カ</u>え休日の場合も同様の手続きが必要である。
(6)

(1)		(2)	
(3)		(4)	
(5)		(6)	

2. 次の各文の下線部分を漢字と仮名を交えて書く場合，漢字に続く送り仮名はどのようになるか。それぞれ**適当**と思われるものを一つ選び，番号で答えなさい。

(1) 施錠を<u>タシカメル</u>。
　① 確る
　② 確める
　③ 確かめる

50

I 表記技能

(2) 不足分を<u>オギナウ</u>。

　① 補う

　② 補なう

　③ 補ぎなう

(3) 社長<u>ミズカラ</u>指揮を執る。

　① 自ら

　② 自から

　③ 自ずから

(4) <u>カガヤカシイ</u>功績を挙げる。

　① 輝しい

　② 輝かしい

　③ 輝やかしい

(1)		(2)		(3)		(4)	

3． 次の各文の下線部分の中で，「周」を使った方がよいと思われるもの
を一つ選び，番号で答えなさい。

(1) 身の<u>回</u>り。

(2) 得意先<u>回</u>り。

(3) <u>辺</u>りを見<u>回</u>る。

(4) <u>回</u>りの人の意見。

(5) <u>回</u りくどい言い方。

51

2級

4．次は，連続した3カ月の時候のあいさつの語を示したものです。これ
について，①下線部分aの時候のあいさつは，一般的には何月に使われ
るか答えなさい。②下線部分bを，漢字で答えなさい。③下線部分cには，
どのような語が該当するか。漢字で答えなさい。

	a 厳寒の候　→　b バントウの候　→　c _____ の候

①	月
②	
③	

5．次の各文の（　　）内は，その上の下線部分の意味です。この（　　）
内の意味に従って，下線部分の□内に，該当する手紙用語やビジネス
文書での言い方を書き入れなさい。

(1) ご□□をお祈りいたします。
　　（会合が盛大でにぎやかになること）

(2) 貴殿のご尽力の□□□□と深く感謝いたしております。
　　　　　（力を尽くしてくれたおかげ（平仮名））

　　　　　　　　①　　　　　②
(3) これを□に，社員□□，さらに精励いたす所存でございます。
　　（これをきっかけに，社員皆，さらに仕事に励む考えである）

52

Ⅰ 表記技能

(4) 事情ご□□の上，ご容赦くださるよう，お願い申し上げます。

　　　　（「推察」の改まった言い方）

(5) このたびは結構なお歳暮をご□□くださり，厚く御礼申し上げます。

　　　　　　　（贈ってくれて）

(1)	
(2)	
(3) ①	
②	
(4)	
(5)	

2級 第66回 問題

2級 第65回 問題

2級 第64回 問題

2級 第63回 問題

2級 第62回 問題

53

2級

6．販売課の金子慎二が課長の席に行くと，課長は契約書に貼った収入
　印紙に印を押していた。①この「契約書等に貼った収入印紙に押す印」
　を何というか。また，②その印を押す目的は何か。それぞれ**適当**と思
　われるものを次の中から一つ選び，番号で答えなさい。

① 印の名称
　（1）契印
　（2）消印
　（3）捨て印
　（4）認め印
　（5）割り印

② 印を押す目的
　（1）後日の訂正等に備えるため。
　（2）契約を交わした証拠にするため。
　（3）収入印紙を使用済みにするため。
　（4）契約が法的に有効であることの証拠とするため。
　（5）その収入印紙が本物であることの証拠とするため。

①	
②	

Ⅱ 表現技能

1．次の下線部分を書き改めて，適切な文にしなさい。

N社との製品破損に関する補償問題は，いまだに<u>未解決である</u>。

2．次の各文の下線部分に該当すると思われる語を，下の【語群】の中から選び，番号で答えなさい。

(1) 収支の＿＿＿＿を図る。

(2) ＿＿＿＿的な生活レベル。

(3) 100円＿＿＿＿で販売する。

(4) ＿＿＿＿の取れたスタイル。

(5) 利益を＿＿＿＿に配分する。

【語群】

① 平均　　② 均整　　③ 均等　　④ 均一　　⑤ 均衡

(1)		(2)	
(3)		(4)	
(5)			

55

2級

3．次の文書を読み，適切と思われる表題を付けなさい。

拝啓　貴社ますますご隆盛のこととお喜び申し上げます。
　さて，当社では，貴社製品「マスタープロ5」を，今後継続的に取り扱わせていただきたいと存じております。
　つきましては，ご多忙中誠に恐れ入りますが，同製品の具体的な取引条件についてお知らせいただきたく，お願い申し上げます。
　なお，当社の概要につきましては，同封の会社案内をご覧いただければお分かりいただけるかと存じます。
　まずは，取りあえずご照会申し上げます。　　　　　　　　　　　　　敬具

4．次は，グラフとタイトルの組み合わせです。①この中からタイトルに対してグラフが不適当と思われるものを一つ選び，番号で答えなさい。②この場合の適切なグラフの名称を答えなさい。

(1) W製品試用調査結果

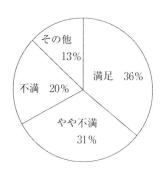

(2) 社員の保養施設利用率の推移

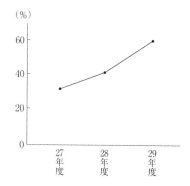

(3) 第2四半期の支店別売上高の推移　(4) 平成29年度売上高の製品別構成比

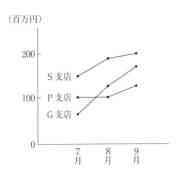 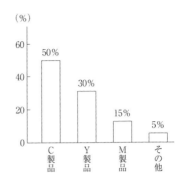

5．言葉に「拝」を付けると謙譲語になります（例：「拝見」「拝読」）。では，次の各文を適切なビジネス文書の文にするためには，□部分にどのような語を書くのがよいか答えなさい（それぞれ別の語にすること）。

(1) 本日，お歳暮を拝□いたしました。
(2) お申し越しの件，拝□いたしました。
(3) 皆様方のご高見を拝□いたしたいと存じます。
(4) 内田様には，ますますご活躍のことと拝□いたします。

(1)	
(2)	
(3)	
(4)	

2級

6. 次は，納入品に不良品が混入したことに対するわび状の一部です。この中の下線部分(1)～(6)を，丁寧な言い方に書き改めて，形式の整ったわび状にしなさい。

さて，11月26日付で納入いたしました商品の一部に，不良品が混入していた
とのこと，<u>本当にすまない</u>。検品については特に厳重に行って<u>いるが</u>，それにも
         (1)   (2)
かかわらず，<u>おたくの会社に迷惑を掛けたこと</u>，深くおわび申し上げます。
          (3)

　つきましては，本日，完全検査済みの良品を急送いたしましたので，<u>調べて
                                                            (4)

受け取ってくれるよう</u>，お願いいたします。今後はこのようなことのないよう，

検品には十分注意いたしますので，このたびのことは何とぞご容赦くださるよう，

お願い申し上げます。
         (5)   (6)
　まずは，<u>急いで</u> <u>おわびを兼ねてお知らせする</u>。

(1)	
(2)	
(3)	
(4)	
(5)	
(6)	

Ⅲ 実務技能

1. 次の内容に従って，記書きを交えた社内報編集委員選任の依頼状を作成しなさい。

```
1  発 信 者    総務部長
2  受 信 者    課長全員
3  発 信 日    平成30年11月9日
4  文書番号    総発第90号
5  表    題    適切と思われるものを付けなさい。
6  担 当 者    総務課 町田（内線 521）
```

今度，社内報「ＨＯＴ＆ＣＯＯＬ通信」の編集委員を一新することになった。ついては，各課から委員を選任して，11月20日までに担当まで連絡をくれ。なお，委員についてだが，任期は平成30年12月1日から平成32年11月30日までの2年間で，入社後4年以上の社員を対象にする。人数は各課1名である。

※解答の記入欄は次ページです。

59

2級

Ⅲ 実務技能

2．次の内容に従って，記書きを交えた組織改編の通知状を作成しなさい。

1　発　信　者　　株式会社日本グランドテクノロジー
2　受　信　者　　全取引先
3　発　信　日　　平成30年12月3日
4　表　　　題　　適切と思われるものを付けなさい。

おたくの会社もますます発展していることとお喜びする。
　さて，うちの会社では，営業体制の強化と業務の効率化を図るため，次のように営業部組織を改編して皆さんへの対応をさせてもらうことにした。
　新設したのは，法人担当の営業部第1課，官公庁担当の営業部第2課および海外営業担当の営業部第3課である。また，従来の営業部営業課は廃止した。
　ついては，どうか承知した上で以前にも増しての指導支援をしてくれるようにお願いする。
　いずれ改めてあいさつに行きたいと思うが，取りあえず手紙で通知する。

※解答の記入欄は次ページです。

2級

Ⅲ 実務技能

3. 次の内容に従って，製品製造中止の通知状を作成しなさい。

1　発信者　　株式会社日本プレミアム工業
2　受信者　　全取引先
3　発信日　　平成30年12月1日
4　表　題　　適切と思われるものを付けなさい。

おたくの会社もますます発展していることとお喜びする。
　さて，うちの製品「908TK」は，仕入先の部品生産中止に伴って製造を中止することになった。長年にわたってひいきにしてくれて，本当にありがとう。
　ついては，これからの同製品の取り扱いは，在庫がなくなり次第販売終了とさせてもらうので，了承してくれるよう願いたい。
　なお，近々，後継機種を案内するので，引き続いて注文をしてくれるよう，お願いする。
　まずは，取りあえず手紙で通知する。

※解答の記入欄は次ページです。

63

２級

Ⅲ 実務技能

4．次の役員の任期に関する条文について，下の問いに答えなさい。

第15条　役員の任期は2年とする。＿＿＿A＿＿＿，再任を妨げない。

問1　①この中の └┈┈┈┈┈┘ 部分はどのような意味か。**適当**と思われるものを次の中から一つ選び，番号で答えなさい。② └┈┈┈┈┈┘ 部分は，何と読むか。平仮名で答えなさい。

①－　(1) 再任はできない。
　　　(2) 再任する必要はない。
　　　(3) 再任しても差し支えない。
　　　(4) 再任しなければならない。
　　　(5) 再任を免れることができる。

①			
②		を	げない。

65

2級

問2 下線部分Aにはどのような語を入れればよいか。次の中から**適当**と思われるものを一つ選び，番号で答えなさい。

(1) なお

(2) 並びに

(3) または

(4) ただし

(5) もしくは

Ⅲ 実務技能

5．次は，「現金書留」について述べたものです。この中で，適当なもの
　には○を，不適当なものには×を付けなさい。

(1) 現金書留の専用封筒は有料である。
(2) 紛失などの場合は，損害賠償してもらえる。
(3) 配達終了後，差出人に配達完了を知らせる通知が届く。
(4) 現金は，現金書留以外の方法で郵送することはできない。
(5) 受け取るときは，受取人の印またはサインが必要である。
(6) 発送は，郵便局の窓口でもできるが，ポストに入れてもよい。
(7) 現金以外に個人の手紙を同封するのは法律で禁じられている。
(8) 発送控に基づいて，インターネットで配達状況の確認ができる。
(9) 支払う送料は，送る金額に応じた現金書留専用の料金だけでよい。

(1)		(2)		(3)		(4)	
(5)		(6)		(7)		(8)	
(9)							

（第64回2級　終わり）

2級　第63回

試験時間 130分

2級

Ⅰ 表記技能

1．次の文章の下線部分(1)～(7)を，漢字で書きなさい。

---

  (1)   (2)   (3)
 ウケタマワれば，このたびセンムトリシマリヤクにごシュウニンなさった

  (4)   (5) (6)
とのヨシ，誠におめでとうございます。これも平素のごセイキンとタクエツ

         (7)
したご手腕とによるものとケイフクいたしております。

---

(1)		(2)	
(3)		(4)	
(5)		(6)	
(7)			

70

2．次の各文の中で，下線部分の送り仮名が**適当**なものはどれか。一つ選び，番号で答えなさい。

(1) 契約を交す（カワス）。
(2) 特別の計らい（ハカライ）。
(3) 事故に備なえる（ソナエル）。
(4) ジレンマに陥いる（オチイル）。
(5) 月初めは何かと慌しい（アワタダシイ）。

3．次の各文の下線部分を，漢字で書きなさい。

(1) ショウ末節な事柄。
(2) ショウの電話を禁じる。
(3) 施設のショウ許可を得る。
(4) 製品のショウを変更する。
(5) 新入社員のショウ期間が終わる。

(1)	
(2)	
(3)	
(4)	
(5)	

2級

4．次は，時候を表す言葉とその言葉を使う標準的な月の組み合わせです。
①下線部分を漢字で書きなさい。②（　　）部分は，それぞれ大体何
月になるか，数字で答えなさい。

(1) <u>ヨカン</u>の候　＝　（　　　）月
(2) <u>ダイカン</u>の候　＝　（　　　）月
(3) <u>コウショ</u>の候　＝　（　　　）月
(4) <u>サイバン</u>の候　＝　（　　　）月

(1)	の候	月
(2)	の候	月
(3)	の候	月
(4)	の候	月

5．次の各文の（　　）内は，その上の下線部分の意味です。この（　　）内の意味に従って，下線部分の□内に，該当する手紙用語やビジネス文書での言い方を書き入れなさい。

(1) □□よりおわび申し上げます。

（心の底から）

(2) ご□□くださいますよう，お願い申し上げます。

（よく調べて受け取ってください）

(3) これを□に，さらに精励いたす所存でございます。

（チャンスにして）

(4) ○○様には，いよいよご活躍のことと□□いたします。

（推察します）

(5) □□にわたり格別のご厚情を賜り，厚く御礼申し上げます。

（仕事の上でも私的なことでも）

(1)		
(2)		
(3)		
(4)		
(5)		

73

2級

6．次は，縦書きで作成する社交文書の一部です。この中に発信日（平成三十年七月十日），発信者名（株式会社ナチュラル商事　代表取締役社長　秋山慎二）および受信者名（お取引先各位）を書き入れる場合，どのようなレイアウトで書くのがよいか。空いている部分にそれぞれを書き入れなさい。

拝啓　貴社ますますご発展のこととお喜び申し上げます。

（中　略）

まずは、略儀ながら書中をもってごあいさつ申し上げます。

敬具

Ⅱ 表現技能

1．次の文を，下の指示に従って整えなさい。

> 　ビジネスマンには，思いがけない不測の事態にも冷静に対処できる判断力を<u>求めている。</u>

① 不要な語句1カ所を，二重線（＝＝）で削除しなさい。
② 下線部分を書き改めて，文の意味が分かるようにしなさい。

2．次の各文の下線部分に該当する語を，下の【語群】から選んで答えなさい（同じ語を使わないようにすること）。

(1) 数々の要職を_____した人物。
(2) 営業課長と調査室長を_____する。
(3) ニューヨークに単身で_____する。
(4) 役員の改選で現社長の_____が決まった。
(5) ネットワークの管理のため，_____の係員を置く。

【語群】

再任　　赴任　　歴任　　専任　　兼任

(1)		(2)		(3)	
(4)		(5)			

75

2級

3. 次の文書を読み，適切と思われる表題を付けなさい。

拝啓　貴社ますますご隆盛のこととお喜び申し上げます。平素は格別のご高配
にあずかり，誠にありがとうございます。
　さて，当協議会も新年度を迎え，年会費をご納入いただく時期になりました。
　つきましては，別紙により年会費をご請求申し上げますので，ご納入くださ
いますよう，よろしくお願い申し上げます。　　　　　　　　　　　　　　　敬具

---

4. 例えば，お茶は「粗茶」，自分の会社は「小社」，自分の気持ちは「微
　意」などのように，言葉に「粗」「小」「微」などを付けると，謙遜し
　て言うことができます。では，次の(1)～(3)の場合はどのように書くと
　謙遜した言い方になるか，答えなさい。

(1) 宴会
(2) 力量
(3) 品物

(1)	
(2)	
(3)	

76

Ⅱ 表現技能

5. 次は山村康平が，後輩にビジネス文書の書き方を指導するときに準
   備した文例です。中から言葉遣いが<u>不適当</u>と思われるものを一つ選び，
   番号で答えなさい。

(1) (「わざわざ出向いてもらってすまない」というとき)
   ご足労いただき，恐縮に存じます。

(2) (「車で来場しないでほしい」というとき)
   お車でのご来場は，ご遠慮願います。

(3) (「おたくの要望には応えられない」というとき)
   貴社のご要望にはお応えいたしかねます。

(4) (「会ってくれるよう願いたい」というとき)
   ご引見くださいますよう，お願い申し上げます。

(5) (「これからも指導と励ましを願いたい」というとき)
   今後ともご指導ご精励のほど，お願い申し上げます。

2級 第**66**回 問題

2級 第**65**回 問題

2級 第**64**回 問題

2級 第**63**回 問題

2級 第**62**回 問題

77

2級

6. 次は，創立記念式典に出席してくれた人に対する礼状の一部です。この中の下線部分(1)～(6)を，ビジネス文書の表現として適切な言い方に直しなさい。

　　さて，先般開催の当社創立50周年記念式典に際しましては，多用のところ⁽¹⁾来臨してくれた上，丁重な祝辞をもらって，誠にありがたく，厚く御礼申し上げます。

　　当日は混雑に取り紛れて何かと不行き届きの点もあったかと存じますが，どうか許してくれるように願う。⁽³⁾

　　社員一同，今後も皆様のご指導を仰ぎ，社業の発展に鋭意努力するつもり⁽⁴⁾であるので，何とぞ変わらぬ引き立てをくれるよう，お願い申し上げます。⁽⁵⁾

　　まずは，取りあえず手紙でお礼する。⁽⁶⁾

(1)	
(2)	
(3)	
(4)	
(5)	
(6)	

78

Ⅲ 実務技能

1．次の内容に従って，記書きを交えた消防設備点検の社内通知状を作成しなさい。

　　1　発 信 者　　総務部長
　　2　受 信 者　　社員全員
　　3　発 信 日　　平成30年6月25日
　　4　文書番号　　総発第68号
　　5　表　　題　　適切と思われるものを付けなさい。
　　6　担 当 者　　総務課　吉川（内線　122）

　次に述べる通り，消防法に基づいた消防設備点検を実施するので，通知する。実施日時は，平成30年7月5日の木曜日8時30分から15時までで，場所は，本社ビルと別館の全フロアである。点検内容は，消火器，非常警報機器，火災感知器，避難器具，誘導灯および標識である。施行業者は，㈱スター防災である。

　（追伸として，次の内容を書きなさい）
　なお，点検時に警報装置が作動するので承知してくれ。

※解答の記入欄は次ページです。

2級

Ⅲ 実務技能

2．次の内容に従って，訪問先への礼状を兼ねた新製品の案内状を作成し
なさい。

1　発 信 者　　桜木精機株式会社　営業課長　林田徳弘
2　受 信 者　　株式会社三葉システム設計　設計課長　森川浩太
3　発 信 日　　平成30年7月4日
4　表　　題　　適切と思われるものを付けなさい。

おたくの会社もますます発展していることとお喜び申します。
　さて，昨日は，忙しいのにもかかわらず会ってくれて，本当にありがとう。
その際，説明をしたうちの新製品「ＳＳ－2」は，どうでしたでしょうか。
もし，デモンストレーションを希望なら，技術スタッフを伴って行くので，
遠慮なく言い付けてくれるよう願います。
　まずは，お礼を兼ねて案内します。

（追伸として，次の内容を書きなさい）
　なお，「ＳＳ－2」のユーザーレポートが『月刊プログレス』8月号で特集
されていたので，参考までにその雑誌を同封しました。

※解答の記入欄は次ページです。

2級 第66回 問題

2級 第65回 問題

2級 第64回 問題

2級 第63回 問題

2級 第62回 問題

81

2級

Ⅲ 実務技能

3. 次の内容に従って，社名変更のあいさつ状の本文を作成しなさい（表題は書かなくてよい）。

いつも特別に引き立ててくれて，本当にありがとう。
　さて，今度わが社では，米国ランデブー社の日本総代理店受託をきっかけに，8月1日から社名を「日本ランデブー株式会社」に改称することになった。
　ついては，永年のごひいきに感謝するとともに，皆さん方の期待に沿えるように，社員全員一生懸命に励むつもりだ。どうかこれからも一層の指導と励ましをしてくれるよう，願いたい。
　まずは，略式だが手紙であいさつする。

2級

4．総務課の新人磯田は，先輩に指導を受けながら定例社内連絡会議の議
事録を作成することになった。そこで，議事録に必要な項目として次
の項目を挙げてみたが，先輩はこれだけでは不十分だという。この場
合の不足している項目とは何か。三つ答えなさい。

【磯田が挙げた項目】
・タイトル（○○会議議事録）
・場所
・議事内容（決定事項）
・配布資料
・保留事項
・次回開催日
・記録者名

①
②
③

5. Y社営業部では，特約店にポスター（B3判）を送付する際，ポスターを折ってA4判が入る封筒に入れている。この場合，できるだけ折り目を少なくして送るには折り方をどうするのがよいか。次の中から**適当**と思われるものを一つ選び，番号で答えなさい。また，その折り方をしたポスターは何という判型になるか答えなさい。

(1) 二つ折り
(2) 三つ折り
(3) 四つ折り
(4) 八つ折り

	判

（第63回2級　終わり）

2級 第62回
試験時間 130分

2級

Ⅰ 表記技能

1．次の文章の下線部分を，漢字で書きなさい。

---

　(1)
　ヘイシャを取り巻く経済情勢は，誠に厳しいものがございますが，ビリョク
　　　　(2)

　　　(3)　　　　　　　(4)
ながら，新任務にショウジンいたすショゾンでございます。何とぞ今後とも，

　　　　　　　　　　　　　(5)　　　　　　　(6)
変わらぬご指導ごべんたつをタマワりますよう，セツにお願い申し上げます。

---

(1)		(2)	
(3)		(4)	
(5)		(6)	

Ⅰ 表記技能

2．現代仮名遣いでは，原則として「ぢ」と「づ」は使わないことになっています。ただし，①「同音の連呼によって生じた『ぢ』『づ』」と，②「二語の連合によって生じた『ぢ』『づ』」は，例外として使ってよいことになっています。次はその例外の語例です。中から<u>不適当</u>と思われるものをそれぞれ一つ選び，番号で答えなさい。

①の場合の語例

　(1) 仕事を続（つづ）ける。

　(2) 納期を縮（ちぢ）める。

　(3) 業績が少しづつ回復している。

②の場合の語例

　(1) 言葉遣い（ことばづかい）を正す。

　(2) 通勤経路を略図（りゃくづ）で示す。

　(3) 一本調子（いっぽんぢょうし）な話し方。

①の場合の語例

②の場合の語例

2級 第66回 問題

2級 第65回 問題

2級 第64回 問題

2級 第63回 問題

2級 第62回 問題

89

2級

3．次は，見積書や請求書に記入してある用語や記号の意味について説明
　したものです。中から不適当と思われるものを一つ選び，番号で答え
　なさい。

(1)「小計」とは，全体の中のある部分の計ということである。

(2)「△5,000」とは，5千円分を差し引いたという意味である。

(3)「@5,000」とは，商品1個当たりの価格が5千円という意味である。

(4)「マニュアル一式」とは，マニュアルがひとそろいということである。

(5)「以下余白」とは，ここから下はメッセージなどを自由に書ける欄と
　いうことである。

| |
| |

4．次の各文の下線部分を，漢字で書きなさい。

(1) 優れたヘイコウ感覚の持ち主。

(2) 双方の主張はヘイコウ線のままであった。

(3) 二つのプロジェクトをヘイコウして実施する。

(1)	
(2)	
(3)	

90

Ⅰ 表記技能

5．次は，時候を表す言葉とその言葉を使う標準的な月の組み合わせです。
　　中から不適当と思われるものを一つ選び，番号で答えなさい。

(1) 初春の候　＝　3月
(2) 初夏の候　＝　6月
(3) 初秋の候　＝　9月
(4) 初冬の候　＝　12月

2級

6. 次の各文の（　　）内は、その上の下線部分の意味です。この（　　）
内の意味に従って、下線部分の□内に、該当する手紙用語やビジネス
文書での言い方を書き入れなさい。

(1) お納めいただければ、□□に存じます。
　　　（受け取ってもらえれば幸いです）

(2) 時節柄ご□□のほど、お祈り申し上げます。
　　　（このような季節なのでお体を大切にするよう、祈っている）

(3) ごあいさつかたがた□□を開催いたしたいと存じます。
　　　　　　　　　（パーティーの謙遜した言い方）

　　　　　　　　　　　　　　　　① 　　②
(4) 今後は、ミスが起きないよう□□を□する所存でございます。
　　　　　　　　　（少しの不備もないようにするつもりです）

(1)			
(2)			
(3)			
(4) ①			
②			

92

Ⅱ 表現技能

1．次の各文には，重複した表現が含まれています。それぞれ適切な表現
　にするために，不要な語句に二重線（＝＝＝）を引きなさい。

(1) 全社員の皆様各位（受信者名として書く場合）
(2) 引き続き会議を続行する。
(3) 委員全員が総入れ替えになる。

(1)	全 社 員 の 皆 様 各 位
(2)	引 き 続 き 会 議 を 続 行 す る 。
(3)	委 員 全 員 が 総 入 れ 替 え に な る 。

2．次の各文の下線部分の中から，「受理」にするのがよいものを一つ選び，
　番号で答えなさい。

(1) 会費を領収する。
(2) 辞表を収納する
(3) 贈り物を受納する。
(4) 購入代金を受領する。
(5) 貴重な情報を入手する。

2級

3．次の文書の表題を適切なものにするため，下線部分①を書き改めなさ
　　い。また，下線部分②をこの文書の内容に沿った頭語に書き改めなさい。

弊社新製品の委託販売について（お断り）①

② 拝啓　貴社ますますご発展のこととお喜び申し上げます。

　さて，11月15日付のご書面，拝見いたしました。弊社新製品の委託販売店
をご希望とのこと，誠にありがとうございます。

　しかしながら，先にお知らせした通り，販売委託店のお申し込みは10月末
日をもって締め切っており，これからの追加はいたしかねる状況でございます。

　つきましては，誠に申し訳ございませんが，あしからずご了承くださいま
すよう，お願いいたします。

　まずは，取り急ぎご回答申し上げます。

敬具

---

①	
②	

94

Ⅱ 表現技能

4. 次の枠内は,「高見」という語について述べたものです。下線部分A
　〜Dには, どのような語や文が該当するか。それぞれ下の選択肢の中
　から**適当**と思われるものを一つ選び, 番号で答えなさい。

　社交文書でよく使われる「高見」は,　　A　　の　　B　　である。実際
の文書の中では,　　C　　のように,「ご高見」の形で使われる。
　なお, 似た意味の語としては, 他に　　D　　などがある。

A－ (1) 相手の意見

　　(2) 相手が会うこと

　　(3) 相手が見ること

B－ (1) 丁寧語

　　(2) 謙譲語

　　(3) 尊敬語

C－ (1)「皆様方のご高見を拝聴いたしたいと存じます」

　　(2)「同封の企画書をご高見の上, ご検討くださるよう, お願いい
　　　　たします」

　　(3)「突然の訪問にもかかわらずご高見にあずかり, ありがとうご
　　　　ざいました」

D－ (1) ご覧

　　(2) 高説

　　(3) ご引見

A		B		C		D	

2級

5. 次の内容に従って，適切なグラフを作成しなさい（定規等は使用しな
   くてよい。分割の大きさは目分量でよい）。

A社では，新製品Wの発売に当たり，モニター500名に対して試用調査を
行った。この調査で最も多く回答が寄せられたのは「使いやすい」の35％で
あった。その次に多かったのは「まあまあ使いやすい」の20％であった。以下，
「大変使いやすい」が18％，「やや使いにくい」が12％，「その他」が9％，「使
いにくい」が6％という結果であった。

Ⅱ 表現技能

6．次は，販売代理店決定の通知状の一部です。この中の下線部分(1)～(6)
　をビジネス文書の表現として適切な言い方に直しなさい。

---

　(1)
　おたくの会社もますます発展していることとお喜び申します。

　　　　　　　　　　　　　　　(2)
　さて，このたびは，当社販売代理店に応募してくれて，誠にありがとうござ

いました。

　早速，検討させていただいた結果，貴社には2月1日から当社販売代理店
　　　(3)
として協力してもらうことに決定したので，ご通知申し上げます。
　　　　　　　　(4)　　　　　　　(5)　　　　　　　　　(6)
　なお，近日中に，あいさつを兼ねて　説明に行きたいと思うので，おたく

の会社の都合を聞かせてもらいたく，お願いいたします。

---

(1)	
(2)	
(3)	
(4)	
(5)	
(6)	

97

2級

Ⅲ 実務技能

1. 次の内容に従って，セキュリティー対策の実施を知らせる社内通知文書を，記書きを交えて作成しなさい。

　　1　発　信　者　　総務部長
　　2　受　信　者　　全社員
　　3　発　信　日　　平成29年12月12日
　　4　表　　　題　　適切と思われるものを付けなさい。
　　5　担　当　者　　システム管理室　吉川（内線324）

　　昨日，当社の顧客データベースに外部から不正アクセスがあった。幸い被害はなかったが，放置すれば今後，顧客情報の流出なども起こり得る。
　　ついては，12月14日の木曜日，15時から21時まで，(株)日本セキュリティーズという施行業者により，緊急のセキュリティー対策を実施するので，承知してくれ。

　　（追伸として，次の内容を書きなさい）
　　なお，作業中はホームページを一時的に閉鎖するので，併せて承知してくれ。

※解答の記入欄は次ページです。

98

2級

2. 次の内容に従って，納期延長の依頼状を作成しなさい。

　1　発　信　者　　クリア工業株式会社　営業課長　山崎昇太
　2　受　信　者　　株式会社ライブラリーセンター　施設課長　須山　進
　3　発　信　日　　平成29年12月4日
　4　表　　　題　　適切と思われるものを付けなさい。
　5　担　当　者　　営業課　高山　電話03-3200-6675

　今回はうちの製品「ＣＬＥＡＲ－Ⅲ」の注文をもらい，心からお礼をする。
　さて，既に案内したように，この製品は注文生産品のため，注文してもらっ
てから納めるまで2週間程度の時間をもらっている。
　ついては，1日でも早く納品できるよう努力するが，おたくの会社が指定
の納期より4日ぐらい遅くなることを許してもらいたく，お願いする。
　まずは，急いで納期延長のお願いをする。

※解答の記入欄は次ページです。

Ⅲ 実務技能

2級

3. 次の内容に従って，契約締結先に宛てた礼状の本文（表題は不要）を
作成しなさい。

おたくの会社もますます盛んなこととお喜びします。

さて，今回の契約締結に際しては，特別に配慮をしてくれて，心からお礼
をします。うちの会社においても，業界最大手のおたくとの契約とあって，
皆大変喜んでいます。

これからは，大して力はありませんがおたくのお力になれるよう，一生懸
命に努力するつもりですので，どうか末永く引き立ててくれるよう願います。

まずは，取りあえず手紙でお礼します。

Ⅲ 実務技能

4．次は，「賃金・賞与支給規定」の一部です。この中の下線部分A～Dは，
どのような言い方にするのがよいか。それぞれ下の選択肢の中から**適当**
と思われるものを一つ選び，番号で答えなさい。

第18条　社員が所属長の命によって所定就業時間外＿＿A＿＿休日に勤務し
たときは，超過勤務手当を＿＿B＿＿。＿＿C＿＿，管理職には超過勤務手当
は＿＿D＿＿。

A － （1）および
　　　（2）または
　　　（3）ならびに

B － （1）支給する
　　　（2）支給します
　　　（3）支給いたします

C － （1）従って
　　　（2）しかし
　　　（3）ただし

D － （1）支給しない
　　　（2）支給いたしません
　　　（3）支給いたしかねます

A		B		C		D	

2級 第66回 問題

2級 第65回 問題

2級 第64回 問題

2級 第63回 問題

2級 第62回 問題

2級

5. 次は，「現金書留」の特徴について述べたものです。この中で**適当**な
　ものには○を，<u>不適当</u>なものには×を書きなさい。

(1) 現金書留の専用封筒は有料である。
(2) 紛失などの場合は，損害賠償してもらえる。
(3) 配達終了後，差出人に配達完了を知らせる通知が届く。
(4) 受け取るときは，受取人の印またはサインが必要である。
(5) 商品券などを郵送するときも現金書留にしないといけない。
(6) 現金以外に個人の手紙を同封するのは法律で禁じられている。
(7) 発送控に基づいて，インターネットで配達状況の確認ができる。
(8) 支払う送料は，送る金額に応じた現金書留専用の料金だけでよい。

(1)		(2)		(3)		(4)	
(5)		(6)		(7)		(8)	

（第62回2級　終わり）

1級　第66回

試験時間 140分

1級

Ⅰ　表記技能

1．次の文章の下線部分(1)～(10)を，漢字で書きなさい。

　　さて，<u>コンパン</u>(1)，かねてご建築中の赤坂見附店がいよいよご開業なさるとのこと，

誠におめでとうございます。貴殿はもとより，ご<u>イットウ</u>(2)様のお喜びもさぞかしと

<u>ハイサツ</u>(3)申し上げます。

　　何とぞこれを機に，貴社がますますのご<u>ヤクシン</u>(4)を<u>ト</u>(5)げられますよう，<u>チュウシン</u>(6)

よりお祈り申し上げます。

　　本来ならば<u>ハイガン</u>(7)の上，ご祝辞を申し述べるべきところではございますが，

<u>ショジ</u>(8)に<u>トりマギ</u>(9)れ，<u>イ</u>(10)を<u>エ</u>ず，略儀ながら書面にてお祝い申し上げます。

---

(1)		(2)	
(3)		(4)	
(5)		(6)	
(7)		(8)	
(9)	り　　　れ	(10)	を　　　ず

106

Ⅰ 表記技能

2．次の枠内の文章を読み，下線部分Ａ～Ｃを漢字で書きなさい。

　当社では，毎年1月にいろいろな会社の人が集い新年のあいさつを交わす
「<u>ガシ</u> <u>コウカンカイ</u>」という行事を催している。会社によっては，参加者が
　Ａ　 Ｂ
互いに打ち解けて楽しく過ごせるようにとの思いを込めて「<u>コウカンカイ</u>」と
　　　　　　　　　　　　　　　　　　　　　　　　　　　Ｃ
別の漢字表記をする場合もあるようだ。

Ａ	
Ｂ	
Ｃ	

107

1級

3. 次は総務部の新人高山耕平が竣工式の準備を手伝うに当たって，主任
からアドバイスされたことである。このアドバイスについて，①下線
部分a～fの読み方を答えなさい。②□部分に該当する語を答えなさい。

「a 竣工式」とは，建築物が無事完成したことを関係者に披露して，協力
してもらった人たちに感謝の気持ちを表す式典のことだ。
　式を執り行うとき式の進行表を掲示するが，今回の場合は「竣工式□□」
というタイトルになる。□□は大きな行事のとき進行表に必ず書く用語なの
で覚えておくように。
　また，竣工式はb 神式で執り行うが，神式には難読の用語が多い。もちろん
全部覚える必要はないが，常識として「c 神主」「d 祝詞」「e 玉串奉奠」「f
お神酒」ぐらいは最低限読めるようにしておいた方がよい。

注) dは「しゅくし」ではない。

① 下線部の読み方

a	
b	
c	
d	
e	
f	お

108

Ⅰ 表記技能

② □部分

4．営業課の石井は係長から，「君は文書を作成するとき，いつも凝った
時候の言葉を使うが，ビジネスの場ではごく一般的なものでよい」と
言われた。次は係長が例として挙げたものである。①中から下線部分
が<u>不適当</u>と思われるものを一つ選び，番号で答えなさい。②不適当な
語の適切な言い方は何か。それを答えなさい。

(1) 「小春の候」は，「<u>向寒の候</u>」と書くのがよい。
(2) 「処暑の候」は，「<u>残暑</u>の候」と書くのがよい。
(3) 「麦秋の候」は，「<u>初秋</u>の候」と書くのがよい。
(4) 「薫風の候」は，「<u>新緑</u>の候」と書くのがよい。

不適当な選択肢

適切な言い方

1級 第66回 問題

1級 第65回 問題

1級 第64回 問題

1級 第63回 問題

1級 第62回 問題

109

1級

5. 次は, パーティー (80歳の祝い) の案内状の一部です。①この文章
を格式の整った案内状にするため, □部分(1)～(11)に適切な語句を書き
入れなさい。②下線部分は, なぜこのような書き方をしているのかを
簡単に答えなさい。

(頭語)　秋色のみぎり, ますますご隆盛の□, 大慶□□に存じます。

　　　　　　　　　　　　　　　さて, 弊社名誉顧問水谷恭一こと,

おかげさまでこの10月25日に□□を迎えることになりました。これも□□□□

お取引先各位のご懇情の□□□□と, 深く感謝いたしております。

　つきましては, 平素のご恩情に感謝の□□を表したく, 下記の通り□□を

催したく存じます。ご多用の□□□誠に恐縮ではございますが, 何とぞ

ご□□の□を賜りますよう, □□□ご案内申し上げます。　　　(結語)

---

(1)	
(2)	
(3)	
(4)	
(5)	

110

Ⅰ　表記技能

(6)		
(7)		
(8)		
(9)		
(10)		
(11)		

なぜ行末に書くかの理由

6．契約書に収入印紙を貼ったとき，収入印紙の端に掛けて印を押します。
①この印を何と呼ぶか答えなさい。②なぜ押印するのか，その理由を
簡単に答えなさい。

①	
②	

111

1級

Ⅱ　表現技能

1．次の文章を整えるために，不適切な表現の箇所に下線を引いて指摘し，
　　その上に適切な表現を書きなさい。

　　A社製品に設計上のミスが発覚し，返品が相次いだ。同社開発チームは汚名

挽回を図るべく，寸暇を惜しまず製品の改良に全力を注いだ。

Ⅱ 表現技能

2．次のような文書を何と言うか。下線部分Aに該当する文書名を答え
なさい（「受注書」以外）。

<u>　　　　A　　　　</u>

令和　　年　　月　　日

<u>　　　　　　　</u>殿

東京都新宿区高田馬場1－4－15
株式会社サニーファクトリー
電話03-3200-6675

下記の通りご用命をお請けいたします。

品名	型番	数量	単価	金額	備考

納　期　令和　　年　　月　　日
納入場所

1級 第66回 問題

1級 第65回 問題

1級 第64回 問題

1級 第63回 問題

1級 第62回 問題

1級

3．次の文の下線部分に該当するほぼ同じ意味の言葉を，それぞれ二つずつ答えなさい。

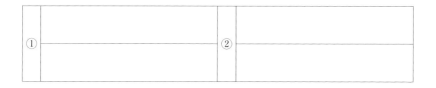

①	②

4．次は当社の製品Fのシェアを，競合他社と年度ごとに比較しながら推移を見ようとしたグラフです。このグラフの問題点を指摘し，適切なグラフに書き直しなさい（定規等は使用しなくてよい）。

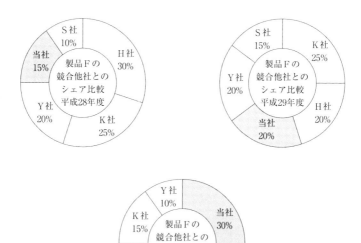

Ⅱ 表現技能

問題点の指摘

適切なグラフ

1級 第66回 問題

1級 第65回 問題

1級 第64回 問題

1級 第63回 問題

1級 第62回 問題

1級

5．次は相手側の人を指す言い方ですが，相手との関係によって使い分け
られています。このことについて，①それぞれの読み方を答えなさい。
②相手との関係を答えなさい。

(1) ご母堂様
(2) ご岳父様
(3) ご尊父様

(1)	①	ご
	②	
(2)	①	ご
	②	
(3)	①	ご
	②	

Ⅱ 表現技能

6. 次は，社長就任のあいさつ状の一部です。この中の下線部分の用語を使って適切な文を書き入れ，格式の整ったあいさつ状にしなさい。

（頭語）　貴社ますますご発展のこととお喜び申し上げます。

　　さて，(1) 私　　第30回定時株主総会　　取締役会　　代表取締役社長

　　選任　このほど　　　　　　　　。

　　(2) もとより　　の身　社業　鋭意　いたす　　ので，(3) 何とぞ

　前任者　指導　支援　賜り　　　　　　　。

　　(4) 略儀　をもって　　　　　　　　　　　。　　　　（結語）

---

(1)

(2)

(3)

(4)

1級 第66回 問題

1級 第65回 問題

1級 第64回 問題

1級 第63回 問題

1級 第62回 問題

117

1級

Ⅲ　実務技能

1．次の形式の整っていない覚書を，適切なものに書き改めなさい。

令和元年12月2日

群馬県高崎市中央町三丁目2番1号
　株式会社ファクトリー技研
　　代表取締役社長　青山　香織様

東京都新宿区高田馬場一丁目4番15号
株式会社サンクリエイト電工
　代表取締役社長　坂本　祐三㊞

共同技術開発に関する契約の解除について（覚書）

前略　このたび，株式会社ファクトリー技研様と弊社は，「共同技術開発に関する契約（平成28年11月1日付）」を解除することで両者合意させていただきました。
　なお，上記の契約書である「共同技術開発に関する契約」の内容は，弊社が設立いたしました新会社の株式会社サンクリエイトエネルギーと株式会社ファクトリー技研様とが交わします契約書に引き継がせていただくことにいたします。
　以上の証しといたしまして，本書2通を作成いたしました上，株式会社ファクトリー技研様と弊社がそれぞれ1通を保有することといたしました。
　まずは，取りあえず契約解除の覚書とさせていただきます。　　　　草々

※解答の記入欄は次ページです。

118

1級

2. 次の内容に従って，値上げの通知状の本文を作成しなさい（表題は不要）。

（取引先へのあいさつと日ごろの礼）

ところで，早速だが，好評をもらっている当社の製品「ジェネシス」シリーズは，昨年末以来，原油価格をはじめとする諸原材料の高騰が相次いでいて，当社としても対処の限りを尽くしたが，もう現状価格を維持することが難しくなった。ということで，本当はそのようなことはしたくはないのだが，12月16日から，シリーズ各製品とも10%の値上げをさせてもらうことにした。販売店の皆さんには，本当に迷惑を掛けるが，どうか事情を察して，理解してほしい。

（通知とお願いをする旨の末文）

※解答の記入欄は次ページです。

3. ①書留郵便とは,どのような郵便のことをいうか簡単に説明しなさい。
   ②書留の種類(名称)を挙げ,それぞれの用途を答えなさい。

①どのような郵便か
②種類と用途

4. 次は,令和元年11月15日付で,2社の代表取締役社長が連名で出す会社合併のあいさつ状です。この中の【A】および【B】を,下の内容に従って縦書きで作成しなさい。

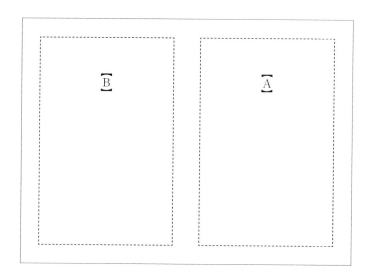

【A】の内容

発信者　　ワールドレコード株式会社　代表取締役社長　山岡裕美子

（11月に出す場合の取引先に対するあいさつを述べる）
　ところで，我が社は，11月1日で株式会社ユニバース映像を合併し，この会社の営業とそれに伴う権利義務一切を承継したので，通知します。ということで，この合併をきっかけに，国内最大規模の総合エンターテインメント企業として皆さんの期待に沿えるよう，一生懸命に努力するつもりなので，どうか承知して今まで以上の指導支援をお願いします。
　（手紙で通知とあいさつをする旨の末文）

【B】の内容

発信者　　株式会社ユニバース映像　代表取締役社長　小野田芳夫

（11月に出す場合の取引先に対するあいさつを述べる）
　ところで，当社は，11月1日で，ワールドレコード株式会社と合併したので，ここに知らせます。振り返ってみると，創業以来，今日まで着実に発展してきたのも，ひとえに皆さん方の支援のおかげと深く感謝しています。なお，これからはワールドレコード株式会社の映像部門として，以前からのごひいきに応えるつもりです。どうか一層の支援と教示のほどをお願いします。
　（手紙でお礼とあいさつをする旨の末文）

※解答の記入欄は次ページです。

1 級

【B】の内容を縦書きで記入⇩

Ⅲ 実務技能

【A】の内容を縦書きで記入 ⇩

1級

5．次の施設保守点検の通知状を，校正記号を使って添削して，適切な文
書にしなさい。

令和元年12月13日
営　発　第　92　号

株式会社エース・コーポレーション
　　総務課各位殿

株式会社クイックメンテナンス
営業部

1月度の施設保守点検について（通知）

拝啓　平素は格別のお引き立てをあずかり，厚く御礼申し上げます。
さて，1月度の貴社施設保守点検のメンテナンスを実施させていただきます
ので，あしからずご容赦してくださいますよう，お願い申し上げます。

1　エレベーター点検　　1月18日（土）　午後13時から16時
2　空　調　機　点　検　　1月19日（日）　午前8時30分から12時

今後とも倍旧のご愛顧を賜りますよう，お願い申し上げます。
まずは，取り急ぎ書面にてご報告申し上げます。

担当　営業部　岡本
電話　03-3200-6675

（第66回1級　終わり）

1級 第65回

試験時間 **140**分

1級

Ⅰ 表記技能

1. 次は，感謝状の一部です。この中の下線部分(1)～(8)を漢字で書きなさい。

(1) (2) (3) (4)
<u>キデン</u>は，当社社員として<u>エイネン</u>にわたり<u>セイキン</u>され，社業の<u>コウリュウ</u>

(5) (6) (7)
に<u>キヨ</u>されました。よってここにその<u>コウセキ</u>をたたえ感謝状を<u>ゾウテイ</u>し，

(8)
感謝の意を<u>ヒョウ</u>します。

(1)		(2)	
(3)		(4)	
(5)		(6)	
(7)		(8)	

Ⅰ 表記技能

2. 「ウカガウ」という語は，文の意味によって，①漢字で「伺う」と書く場合と，②平仮名で「うかがう」と書く場合があります。この書き分けはどのような考えに基づいて行えばよいか。それぞれ簡単な用例を用いて説明しなさい。

---

①漢字の場合

②平仮名の場合

1級

3. 「心情をオシハカる」と書くとき，①「オし」，②「ハカる」と同じ漢字を書くものを，それぞれ次の中から一つ選び，番号で答えなさい。③それぞれの漢字を書きなさい。

① - (1) 自説をオし通す。
　　 (2) 締め切りがオし迫る。
　　 (3) 後任の委員長にオす。
　　 (4) 体調不良をオして出勤する。

② - (1) 目方をハカる。
　　 (2) 便宜をハカる。
　　 (3) 役員会にハカる。
　　 (4) 合理化をハカる。

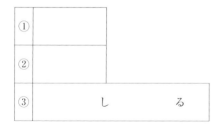

4．次の(1)～(4)のそれぞれがほぼ同じ意味の慣用句の組み合わせになるように，□部分に適切な語を書き入れなさい。

(1) 倍旧のご支援　＝　□□□□□ご支援

(2) 感服いたしております　＝　敬服に□□□□□

(3) 深謝いたします　＝　深く①□□□（または②□□）申し上げます

(4) ご放念のほど，お願いいたします
　　　＝　ご□□くださるよう，お願い申し上げます

(1)					
(2)					
(3) ①					
(3) ②					
(4)					

1級

5. 営業課の西宮は顧客宛てに祝賀状を出す機会が多いが, いつも「70歳」と「77歳」の賀寿の祝いの言葉の使い分けが分からなくなる。この場合の年齢に合った祝いの言葉はどのようになるか。それぞれ漢字で答えなさい。

(1) 70歳
(2) 77歳

(1)	
(2)	

Ⅰ 表記技能

6．次の文章は，祝宴の招待状の一部です。この中の□部分に適切な手紙
用語を書き入れなさい。

　　さて，弊店①□，②□□□改築中の新店舗の工事が完了し，③□□8月1日
に新装開店いたすことと④□成りました。
　　つきましては，新店舗の完成を祝し，下記の通りご披露⑤□□□□小宴を
開催いたしたいと存じます。
　　ご多用中誠に恐れ入りますが，⑥□□□□□□の上，何とぞご⑦□□の
⑧□を賜りますよう，ご案内申し上げます。

---

①
②
③
④
⑤
⑥
⑦
⑧

133

1級

Ⅱ 表現技能

1．次の文は，どのように解釈してよいか迷う。①その問題点を指摘し，
②指摘に基づいて二通りに書き改めなさい。

> 　早川部長はイベント企画の打ち合わせのため，Ａ社の木村営業部長とＣ社
> の岡田企画部長を訪問した。

① 問題点の指摘

② 書き改めた文

134

2．次の文書を読み，下線部分に適切なタイトルを付けなさい。

営業部営業第1課係長　川村　孝介

上記の者，本日付をもって営業部営業第1課課長補佐とする。

令和元年7月1日

株式会社トレーディングシステム
代表取締役社長　宗岡　俊一郎㊞

1 級

3．次の文の下線部分に，前後の言葉からどのような言葉が入るか推定し，
その言葉を適切な敬語表現で三つ答えなさい。

親しく皆様方のご高見を＿＿＿＿＿＿＿と存じます。

①	
②	
③	

Ⅱ 表現技能

4．総務部長秘書の松元早希は上司から文書の清書を指示された。次の
(1)～(4)はその原稿に書いてあった語である。それぞれの語について，
①読み方，意味と敬語の種類を答えなさい。②似た意味の語を一つず
つ答えなさい。

(1) 拝誦
(2) 御身
(3) 来駕
(4) 粗餐

①　　　　　（読み方）　　　　　　　（意味と敬語の種類）

	（読み方）	（意味と敬語の種類）
(1)		
(2)		
(3)		
(4)		

② 似た意味の語

(1)	
(2)	
(3)	
(4)	

137

1級

5. 村岡いずみは，後輩の高浜絵里子から次のような質問を受けた。これ
に対して村岡はどのように答えるのがよいか。それぞれ答えなさい。

【後輩社員の質問】

　　新規の顧客を獲得するため面会の依頼状を作成していたが，次の「　　」
内の下線部分をどのように書けばよいか迷ったので，下のように三つ考えて
みた。①それぞれの適否を教えてもらいたい。また，②不適切なものについ
てはその理由を具体的に教えてほしい。

　「ご多忙中誠に恐れ入りますが，会ってくれるよう，お願いします」

　(1) ご引見くださるよう，お願いいたします
　(2) ご面会してくださるよう，お願いいたします
　(3) お目に掛かってくださるよう，お願いいたします

①それぞれの適否（適切か不適切か）

(1)	
(2)	
(3)	

②不適切の理由

138

Ⅱ 表現技能

6．次は，はがきを使って書いた季節のあいさつ状です。①この中の傍線部分の語をつなぎ合わせて，格式の整ったあいさつ状にしなさい。

② _____ 部分に，このあいさつ状の場合に書くのが一般的な語句を書きなさい。

令和元年

d　時節柄　専一　お祈り。

元気　勤務　他事。

当地に赴任いたして、はや三カ月になりますが、　c　至って

申し上げます。

日に日に暑さが募ってまいりましたが、広川様には、　b　活躍

a　申し上げます

※解答の記入欄は次ページです。

139

1 級

② （縦書きで記入 ⇩）

d	c	b	a

① （縦書きで記入 ⇩）

Ⅲ 実務技能

1. 総務課係長の古川は，課長から「社長の交代に伴って取引先250社にあいさつ状を送りたい。あいさつ状は格式を重んじたものにして，新社長の就任のあいさつと前社長の退任のあいさつを同時に行うようにしたい」と言われ，あいさつ状の作成と発送とを指示された。このような場合，①「格式を重んじたあいさつ状」の作成上の要領にはどのようなことがあるか。四つ挙げなさい。②郵送する場合に留意することを二つ挙げなさい。

① 作成上の要領

② 郵送するときの留意点

141

1級

2. 次の内容に従って，同一名称の製品に対する抗議状を作成しなさい。

1	発 信 者	アルファ電器株式会社　代表取締役社長　田島秀夫
2	受 信 者	株式会社シグマ産業　代表取締役社長　藤村修三
3	発 信 日	令和元年7月3日
4	文書番号	総発第45号
5	表　　題	不要

　突然で失礼だが，お手紙させてもらう。うちの会社では，平成20年から電子レンジの「アットホーム」を製造販売しているが，今回，おたくが「アットホーム」と称する商品を製造販売しているという報告を受けた。うちの製品は，平成19年に商標を登録済み（№12345）で，うちの主力製品として全国で販売しているが，同じ商品名の使用は，明らかに商標権の侵害に相当すると思う。すぐに「アットホーム」の名称の使用を中止するよう申し入れる。ということで，急いでこの件について誠意のある回答をもらいたい。なお，今回の申し入れを無視したら，うちが受ける営業の上での損害に対して，法的に賠償を請求するつもりなので，念のため言い添える。

※解答の記入欄は次ページです。

Ⅲ 実務技能

1級 第**66**回 問題

1級 第**65**回 問題

1級 第**64**回 問題

1級 第**63**回 問題

1級 第**62**回 問題

143

1級

3. 次の内容に従って，格式の整った栄転の祝い状を作成しなさい。

　1　発 信 者　　コネクトスタッフ株式会社　事業部長　山下浩子
　2　受 信 者　　株式会社ワーキング商会　営業本部長　柏木壮一
　3　発 信 日　　令和元年7月1日
　4　表　　題　　不要

（受信者個人に対し7月に発信する場合の前文）
　聞けば，今度本社営業本部長に栄転したということだが，本当におめでとう。これも普段の精を出して仕事に励んだことや，他を超えて優れた手腕によるものと，大いに感心している。こちらに勤めているときは特別の親切な心配りをもらって，心から感謝している。新天地でも，どうか体を大事にして今以上に活躍するように祈る。
　（手紙でお祝いする旨の末文）

（追伸として次の内容を書きなさい）
　なお，別送の品は大変粗末なものだが，お祝いの印として受け取ってもらえれば幸いだ。

※解答の記入欄は次ページです。

Ⅲ 実務技能

1級 第66回 問題

1級 第65回 問題

1級 第64回 問題

1級 第63回 問題

1級 第62回 問題

145

1級

4. 次は，総務課の市村昇平が課長から指示されて作成した社長就任の祝賀パーティーの招待状です。この招待状に対して課長は，「格式の整った縦書きの招待状にするように，また，表現など不適切な箇所があるので，併せて直すように」と再度指示をした。この指示に従い，適切な縦書きの招待状として書き改めなさい。

総 発 第 80 号
令和元年7月8日

お得意様各位

株式会社小野田コーポレーション
代表取締役社長　豊島　隆史

代表取締役社長就任のあいさつ

謹啓　向暑の候，貴社ますますご清祥のこととお喜び申し上げます。
　さて，私儀こと豊島隆史は，先日開催の第40回株主総会と取締役会で弊社代表取締役社長に選任されまして，今度ご就任いたしました。
　つきましては，ご就任のあいさつを申し上げ，これからも一層のご支援をお願いしたく，来る令和元年8月2日（金）15時から17時まで，東京セントラルシティホテルの12階の天上の間におきまして，宴会を催すことにしましたので，忙しいところ本当に申し訳ございませんが，ご都合をつけてご出席してくださいますようご案内します。
　なお，お手数ですが，同封の出欠はがきで出欠の有無を7月29日までにご返送していただけますようお願いいたします。　　　　　　　　　敬具

同封　出欠はがき　　1通　　　　　　　　　　　　　　　　以上

担当　総務課　市村
電話　03-3200-6675

※解答の記入欄は次ページです。

146

Ⅲ 実務技能

縦書きで記入 ⇩

1級 第66回 問題

1級 第65回 問題

1級 第64回 問題

1級 第63回 問題

1級 第62回 問題

147

1級

5．機密文書の取り扱いについて，①コピーを取るときと，②郵送すると
きの一般的な注意点を，それぞれ三つずつ答えなさい。

①コピーを取るときの注意点
②郵送するときの注意点

（第65回1級　終わり）

1級 第64回

試験時間 140分

1級

Ⅰ 表記技能

1．次の各文の下線部分を，適切な漢字に書き改めなさい。

(1) 売買契約書へ連書する。

(2) 会社騰本を取り寄せる。

(3) 荷物を手下げ袋に入れる。

(4) テーマパークを誘置する。

(5) 今月は①事の②他（ことのほか）忙しい。

(1)	
(2)	
(3)	
(4)	
(5) ①	
②	

150

I 表記技能

2. 次の各文の下線部分の送り仮名について，省いてよいか省かない方が
よいかを理由とともに答えなさい。

(1) バスの乗り降り。
(2) 危ういところで持ち直す。
(3) 食事をしながら打ち合わせをする。

(1)
(2)
(3)

1級 第**66**回 問題

1級 第**65**回 問題

1級 第**64**回 問題

1級 第**63**回 問題

1級 第**62**回 問題

151

1級

3. 期間などの始めと終わりを示す場合，一般的には「平成30年4月から
平成31年3月まで」,「平成30年4月〜平成31年3月」のように書きます。
ただし，会社の決算報告書などでは，このような書き方をせず，漢字
を使用して期間を表す場合があります。それはどのような書き方か。
期間を平成30年4月1日から平成31年3月31日までとして答えなさい。

4. 次の各文の下線部分を，漢字で書きなさい。

(1) カンシンな心掛け。
(2) 上司のカンシンを買う。
(3) 企業法務にカンシンを抱く。
(4) カンシンに堪えない出来事。

(1)	
(2)	
(3)	
(4)	

152

Ⅰ　表記技能

5．次は，歳暮に対する礼状の一部です。この中の□部分①〜⑦に適切な
　語句を書き入れ，格式の整った礼状にしなさい。

さて，このたびは，①□□□なお歳暮を②□□□賜り，③□□□□□□□□□□□。
いつも，お④□に掛けていただき，⑤□□いたしております。皆様には，ご自愛
⑥□□の上，ご多幸な⑦□□をお迎えなさいますよう，お祈り申し上げます。

①
②
③
④
⑤
⑥
⑦

1級第66回問題

1級第65回問題

1級第64回問題

1級第63回問題

1級第62回問題

153

1級

6. HY社営業課宛てに，取引先の仕入課長から製品Gの仕様について照会
状が届いた。そこで，製品Gについては自他共に認めるエキスパートで
ある担当の池口が回答状を作成したところ，それを見た先輩から「書き
直した方がよい」と言われた。「前付け」に書式上の問題があるというこ
とである。この場合，①どこに問題があるのかを，理由とともに説明し
なさい。②この回答状はどのように改善すればよいかを答えなさい。

【池口が作成した回答状の「前付け」部分】

```
                                        営 発 第 87 号
                                        平成30年11月27日
     MW株式会社
       仕入課長　河村　英二様

                                        株式会社HY社
                                        営業課　池口　聡㊞
```

① 問題点とその理由

② どのように改善すればよいか

154

Ⅱ 表現技能

1．①次の文の問題点を指摘し，②その指摘に基づいて二通りに書き改めな
　　さい（書き改める箇所1カ所に下線を引き，その上に語句を書きなさい）。

　　今年度入社の社員は，全体的な傾向として，前年度入社した社員のように
　仕事への取り組み方が積極的ではない。

---

① 問題点の指摘

---

② 書き改めた文

　　今年度入社の社員は，全体的な傾向として，前年度入社した社員のように
　仕事への取り組み方が積極的ではない。

　　今年度入社の社員は，全体的な傾向として，前年度入社した社員のように
　仕事への取り組み方が積極的ではない。

1級第**66**回　問題

1級第**65**回　問題

1級第**64**回　問題

1級第**63**回　問題

1級第**62**回　問題

155

1 級

2. 社内報の編集委員平田浩介は，社内のトピックスを担当しているが，次の文を書いたところ，編集責任者から「用語の使い方が違う。もっと適切な語があるはずだ」と注意された。下線部分aは「上級の機関などから意見を求められること」，bは「上級の機関などに意見を申し述べること」だという。この場合の下線部分aおよびbはどのような語になるか。それぞれ漢字で答えなさい。

　高杉会長が座長を務める○○審議会は，○○大臣からのa質問に対して改善案をb回答した。

---

a	
b	

II 表現技能

3. 次の文書のタイトルおよび本文の□部分には，同じ語が入ります。その語を答えなさい。

□ □ 状

（代理人）
　住　所　_____
　氏　名　_____

　私は，上記の者を代理人と定め，次の権限を□□します。

　1　平成30年9月1日に開催される株式会社マスター商事の第35回定時株主
　　総会に出席し，議決権を行使する一切の権利

平成30年　　月　　日

　　　　（株　主）
　　　　　住　所　_____
　　　　　氏　名　_____㊞

1級 第66回 問題

1級 第65回 問題

1級 第64回 問題

1級 第63回 問題

1級 第62回 問題

1級

4．村岡いずみは，後輩の高浜絵里子から次のような質問を受けた。これ
に対して村岡はどのように答えるのがよいか。それぞれ答えなさい。

昨日受講した研修で，講師から「『二重敬語』は全てが不適切というわけ
ではない。形は二重敬語でも，その言い方が習慣として定着していて，使っ
ても問題がないと考えられる言い方がある」と教わり，次の三つの例を示さ
れた。が，私には，三つともどこが二重敬語になっているのかがよく分から
なかった。それぞれについて詳しく教えてもらいたい。

【習慣として定着している二重敬語（例)】
　①お召し上がりになる
　②お見えになる
　③お伺いする

---

①お召し上がりになる

②お見えになる

③お伺いする

158

II 表現技能

5. 次は，賀寿の祝い状の一部です。この祝い状を格式のある文章にする
ために，①下線部分(1)～(5)を丁寧な言い方に書き改めなさい。②下線
部分Ａ～Ｃの中の語を使って適切な文を書き入れなさい。

（1）
聞くところによれば，貴社会長青山敬二郎様には，このたび，めでたく80歳
（2）

（3）　　　　　　　　　（4）
のお祝いを迎えたということだが，めでたくて喜ばしいことの至りに存じます。

今なお第一線にお立ちになってのご活躍ぶりは，私ども若輩の手本とする
（5）

ところである。今後も　　Ａ　　の上　　ますます　　重ねられ　　後進

指導　　　　よう，お願い申し上げます。

いずれ　Ｂ　　改めて　　参上　　申し述べ　　　と存じますが，　　Ｃ

取りあえず　　書中　　　　　　。

---

(1)	
(2)	
(3)	
(4)	
(5)	

159

1 級

A

B

C

Ⅱ 表現技能

6. 新人社員伊藤清香は，取引先に宛てた祝い状を作成している先輩に課長が，「『イミコトバ』に気を付けて作成するように」と言っているのを聞いた。この「イミコトバ」について，①漢字を交えて書くとどのような字になるか答えなさい。②どのような語のことを言うか説明しなさい。③語例を三つ挙げなさい。

① 漢字を交えた表記

② 「イミコトバ」の意味

③ 語例

1	
2	
3	

161

1 級

Ⅲ 実務技能

1. 一般に会社では，自社がどのような会社かを知ってもらうための資料として，「会社案内（会社概要）」を作っています。この会社案内には，内容としてどのような項目が必要か，自社名・連絡先（本支店の所在地・電話番号など）以外に六つ答えなさい。

1	
2	
3	
4	
5	
6	

162

Ⅲ 実務技能

2．次の内容に従って，形式の整った雇用契約書を作成しなさい。

1　雇　用　者　　東京都港区中央一丁目5番11号
　　　　　　　　　株式会社フロッグスイミングスクール
　　　　　　　　　代表取締役社長　本田康平
2　被雇用者　　　東京都新宿区高田馬場一丁目4番15号　香山沙織
3　契　約　日　　平成30年11月28日

　株式会社フロッグスイミングスクールと香山沙織とは，雇用契約を締結します。
　まず，雇用期間は，平成30年12月1日から平成31年5月31日までの6カ月間とします。就業する場所は青山教室です。受付事務が業務内容となります。就業時間は10時から18時まで，休憩時間が12時から13時までなので，実働では7時間ということになります。休日は月曜日と火曜日。賃金は，時給1,200円ですが，18時以降は30分につき25％増しの時間外手当を支給させていただきます。また，通勤手当は1カ月の通勤定期代を実費で支給します。これらの賃金・諸手当は，毎月月末締めの翌25日支払いとします（銀行に振り込み）。契約の更新については，この契約書の契約期間が終了後，株式会社フロッグスイミングスクールが香山沙織を必要として，また香山沙織も継続する意思があったら更新します。なお，契約成立の証としてこの契約書を2通作成し，署名と押印をして，株式会社フロッグスイミングスクールと香山沙織が1通ずつ保有します。

※解答の記入欄は次ページです。

1 級

Ⅲ 実務技能

3. 次の内容を，斡旋の依頼状にしなさい。

1	発 信 者	株式会社ワークスアゲイン　営業課長　白井健司
2	受 信 者	ビクトリー産業株式会社　総務課長　伊東秀一
3	発 信 日	平成30年12月3日
4	表　　題	不要

（相手の会社の発展を喜ぶ旨の前文）
　ところで，この間は数ある同業者の中から，うちの製品を買ってくれて，ありがとう。その後，使ってみた感想はどうでしょうか。もし，不満なところがあれば，遠慮なく言ってもらいたいと思います。ついては，おたくの関連会社のビクトリー通信さんにも，ぜひうちの製品の採用を検討してもらいたいと思っていますが，担当の人を紹介してもらうわけにはいかないでしょうか。近日中にはそちらに行って，改めてお願いをするつもりですが，事前に知っておいてもらいたいので，大変失礼ですが，手紙でお願いを申し出たということなのです。忙しいときに迷惑かもしれませんが，どうか配慮してください。

※解答の記入欄は次ページです。

1 級

Ⅲ 実務技能

4．次の内容に従って，新会社発足の披露宴の招待状（縦書き）を作成しなさい。

1　発　信　日　　平成31年2月4日
2　発　信　者　　株式会社中央総合テクノロジー　代表取締役社長　向井静夫

（取引先へ2月に発信する場合の前文）
　ところで，今度うちの会社では，研究開発部門を分離独立させて，新たに株式会社アドバンス研究所として発足させることになった。これに伴って，うちの常務取締役である岡島澄江を新会社の代表取締役社長に選任したので，どうか承知してうちの会社と同じように，指導と支援を願いたい。ということで，新会社発足披露の宴会を，平成31年3月1日の金曜日の16時から18時まで，ホテルベイエリア東京の陽光の間で開きたい（地図は同封させてもらった）。忙しいのにすまないが，ぜひ出席してくれるように案内する。
　なお，面倒だが，出席の有る無しを同封のはがきで2月22日までに知らせてくれ。

※解答の記入欄は次ページです。

1 級

縦書きで記入 ⇩

Ⅲ 実務技能

5．次の創立記念日についての社内通知状を，校正記号を使って添削し，
　適切な文書にしなさい。

平成31年2月1日

総 発 第 65 号

全社員各位

総務部長

　小山　祐一郎㊞

創立記念日の取扱について（ご案内）

来る2月22日（金）の創立記念日の業務および催事は，下記の通りになる
ので，ご承知してくださるよう，お願い申し上げます。　　　　　以上

1　業　務　　9時から午後3時まで
2　式　典　　15時30分〜17時30分（8階ホール）
　　　　　　　（1）表彰（永年勤続，社長賞）
　　　　　　　（2）社員懇親会
3　担　当　　総務課　長田（内線1120）

添付　創立記念式典次第

なお，得意先等には，業務時間短縮の連絡を遺漏のないように行ってください。

（第64回1級　終わり）

1級 第63回

試験時間 140分

1級

Ⅰ 表記技能

1. 次は，新入社員研修において社内講師が言ったことです。この中の下線部分を漢字で書きなさい。

(1) 社員には<u>シュヒギム</u>があります。

(2) <u>シャゼ</u>の趣旨をしっかりと理解してください。

(3) 部門ごとの業務<u>ブンショウ</u>を確認してください。

(4) 次に<u>ケイチョウキン</u>の支給について説明します。

(5) <u>フクムキリツ</u>の違反行為は，懲戒処分の対象になります。

(1)	
(2)	
(3)	
(4)	
(5)	

Ⅰ 表記技能

2.「トコロ」という語は，文の意味によって漢字で「所」と書く場合と，平仮名で「ところ」と書く場合があります。この書き分けはどのような考えに基づいて行えばよいか。簡単な用例を用いて説明しなさい。

3. 次の(1)～(5)のそれぞれが同じ意味の慣用句の組み合わせになるように，□部分に適切な語を書き入れなさい。

(1) 落掌いたしました　＝　□□いたしました

(2) 感服いたしております　＝　敬服に□□□□□

(3) 深くおわび（または「感謝」）申し上げます　＝　□□いたします

(4) ご寛恕のほど，お願い申し上げます

　　　＝　□□□くださいますよう，お願い申し上げます

(5) 格別のご高誼を賜り，誠にありがとうございます

　　　＝　①□□□□ならぬ ご②□□に③□□□□，厚く御礼申し上げます

173

1級

(1)					
(2)					
(3)					
(4)					
(5) ①					
(5) ②					
(5) ③					

4. 次の各文の下線部分を漢字で書きなさい。

(1) 同音イギ語。
(2) イギを正す。
(3) イギを申し立てる。
(4) 仕事にイギを見いだす。

(1)	
(2)	
(3)	
(4)	

174

Ⅰ　表記技能

5．次は，はがきを使って書いた季節のあいさつ状です。□部分①～⑧に慣用の語句を書き入れ，格式の整ったあいさつ状にしなさい（答案用紙には「横書き」で解答すること）。

①□□□□□□□□□。
連日猛暑が続いておりますが、須崎様にはますますご活躍のこと
と②□□申し上げます。
当地に赴任いたしたして、はや三カ月になりますが、環境にも慣れ、至つて元気に勤務いたしております故、③□□ながら④□□□くださいますよう、お願いいたします。
⑤□□柄、くれぐれも⑥□□□□のほど、⑦□□□申し上げます。
平成三十年⑧□□

①									

②		

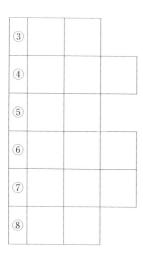

6. 次は，パソコンで作成した契約書に契約者が押した印鑑の位置を示したものです。この中の□の印と○の印について，①それぞれの名称（「角印」「丸印」は除く）を答えなさい。②□と○の印はどのような点に違いがあるか説明しなさい。③この場合のように，契約者の氏名を署名ではなくパソコンで印字したり，ゴム印を押したりして印を押すことを何というか。漢字4文字で答えなさい。

Ⅰ 表記技能

① それぞれの印の名称

□	
○	

② □と○の違い

③

1 級 第 **66** 回 問題

1 級 第 **65** 回 問題

1 級 第 **64** 回 問題

1 級 第 **63** 回 問題

1 級 第 **62** 回 問題

177

1級

Ⅱ 表現技能

1. 次の文は，二通りの意味にとられる恐れがあります。①どこに問題が
   あるか，その問題点を指摘しなさい。②その指摘に基づいて意味がはっ
   きりするように二通りに書き改めなさい。

　当社が抱えている課題は，短期間のうちに，接客マナーを教えられる社員
リーダーを育成しなければならないということである。

---

① 問題点の指摘

② 書き換え（二通り）

(1)

(2)

178

Ⅱ 表現技能

2．次の各文の下線部分に，「譲」という漢字を使った熟語を書き入れな
さい（解答が重複しないようにすること）。

(1) 宅地を＿＿＿＿＿する。

(2) 営業権を無償で＿＿＿＿＿する。

(3) 互いに＿＿＿＿＿して合意に達した。

(4) 社長の出張中は，権限を副社長に＿＿＿＿＿する。

(1)	
(2)	
(3)	
(4)	

1級

3. 次は会社規則の一部です。これを読み，下線部分に該当するこの規則
   の名称を答えなさい。

　　　　　　　　　ナカジマ物流株式会社　＿＿＿＿

　　　　第1章　総　則
　（商　号）
第1条　当会社は，ナカジマ物流株式会社と称する。
　（目　的）
第2条　当会社は，次の事業を営むことを目的とする。
　　　　　1. 倉庫業
　　　　　2. 貨物自動車運送業
　　　　　3. 物流プログラムの企画開発およびコンサルティング
　　　　　4. その他，前各号に附帯する一切の業務
　（本店の所在地）
第3条　当会社は，本店を東京都新宿区に置く。
　（公告の方法）
第4条　当会社の公告は，電子公告の方法により行う。

Ⅱ 表現技能

4．次の文の下線部分は不適切な敬語遣いとされています。不適切の理由として，「ご栄転＋される」という尊敬語の二重敬語だからという考えもありますが，別の考え方もあり，現在ではそちらの方が有力といわれています。このことについて，①上記で述べた「別の考え方」とはどのような内容か答えなさい。②この場合の適切な敬語表現を三つ答えなさい（「栄転」という語を使うこと）。

このほど本社常務取締役に<u>ご栄転される</u>との由，誠におめでとうございます。

---

① 不適切な理由（別の考え方）

② 適切な敬語表現

1級 第66回 問題

1級 第65回 問題

1級 第64回 問題

1級 第63回 問題

1級 第62回 問題

1 級

5．次は，会社の合併を知らせる通知状の一部です。この中の下線部分の
語を使って適切な文を作成し，全体の格式を整えなさい。

　さて，弊社は6月1日をもって，株式会社サンクス製作所に合併いたしま
したので，ここにご通知申し上げます。
　顧みれば創業以来，今日まで着実に業績を伸ばすことができましたこと
は，(1)　ひとえ　　皆様方　　力添え　　感謝　　　　。
　今後は，同社通信機器開発部門として，(2)　旧来の　　お応え　　一層
努力　　所存　　　　。
　(3)　何とぞ　　今後　　倍旧　　支援　　教導　　　　。
　(4)　略儀　　書中　　かたがた　　　　　。　　　　　　　（結語）

---

(1)

(2)

(3)

(4)

182

Ⅱ 表現技能

6．次は，8月に後輩社員が作成した商品代金未納に対する督促状です。
　この文書を督促状として形式を整えるために，①表現が不適切な部分
　に下線を引いて，その上に適切な語句を書きなさい。②不要な部分を
　二重線で削除しなさい。

謹啓　ますますご健勝のこととお喜び申し上げます。平素は格別のご愛顧を
賜り，厚く御礼申し上げます。

　さて，早速ではございますが，4月30日付でご請求いたしました4月分の
商品代金820,000円，度重ねてのご督促にもかかわらず，いまだに入金の確認
ができかね，大変困り果てています。

　誠に催促がましく存じ上げますが，今月は当社の決算期に当たり，帳簿整
理をさせていただく都合もございますので，ご多忙中誠に恐れ入りますが，
至急お調べになられて，ご送金してください。

　なお，8月末日までにお支払いいただけない場合は，甚だ不本意ながら，
今後のご注文は辞退いたすほかなく，売買契約に基づき，適切な処置も取ら
させていただかなくてはと存じ上げています。

　ご事情ご拝察の上，ぜひともご送金していただきたくお願い申し上げ，ご
督促のご通知とさせていただきます。　　　　　　　　　　　　　　　　敬具

　　なお，本状と入れ違いにご送金の節は，その旨ご一報願います。

　　　　　　　　　　　　　　　　　　　　　　　　　　　　　　　　　以上

1級 第66回 問題

1級 第65回 問題

1級 第64回 問題

1級 第63回 問題

1級 第62回 問題

183

1級

Ⅲ 実務技能

1. 次の枠内は，売買契約書の一部です。これを読み，①改善した方がよいと思われることを指摘しなさい。また，②その指摘に基づき，全文を書き改めなさい。

建物売買契約書

　チェリーロジスティクス株式会社および株式会社エックスグループホールディングスは，下記の通り，建物売買に関する契約を締結した。

第1条　　チェリーロジスティクス株式会社は，株式会社エックスグループホールディングスに対し，チェリーロジスティクス株式会社の所有する建物（以下，本件建物という）を現状のまま売り渡し，株式会社エックスグループホールディングスはこれを買い受ける。

---

① 改善点の指摘

Ⅲ 実務技能

②書き改めた契約書

1級第**66**回 問題

1級第**65**回 問題

1級第**64**回 問題

1級第**63**回 問題

1級第**62**回 問題

185

1級

2．次の内容に従って，出版記念パーティーの招待に対する断り状を作成
　しなさい。

　　1　発　信　者　　　株式会社環境測定工業　代表取締役社長　三上祐介
　　2　受　信　者　　　公益社団法人環境影響評価協会　会長　奥野武史
　　3　発　信　日　　　平成30年7月10日

　（相手の健康を喜ぶとともに，普段の配慮への礼を述べる）
　　聞いたところでは今度，著書を出版したということだが，本当におめでと
　う。また，その出版記念パーティーに私のような経験も力量も乏しい者まで
　招いてくれて，光栄に思う。せっかく祝宴の招きをもらったが，あいにくそ
　の日は用事のため行けないのが残念だ。どうか悪く思わずに了承願いたい。
　（取りあえず，手紙で祝いを述べる旨の末文）

　（追伸として，次の内容を書きなさい）
　　ところで，別送の品は，大変つまらないものだが，祝いの印ということで
　受け取ってもらえるとありがたい。

※解答の記入欄は次ページです。

Ⅲ 実務技能

1級 第66回 問題

1級 第65回 問題

1級 第64回 問題

1級 第63回 問題

1級 第62回 問題

1 級

3．次の内容に従って，延焼見舞いに対する形式の整った礼状を作成しなさい（本文のみ）。

　（相手の会社の発展を喜ぶ旨の前文）
　ところで，今回の当社八王子倉庫の延焼のときには，すぐに丁寧な見舞いをもらい，本当にありがたくて心から礼を申し上げる。当日は，火元が遠いので油断をしていたが，折からの強風にあおられて，延焼に至ったわけだ。だが，不幸中の幸いと言うべきか，けが人も出ないで最小限の被害で済んだ。皆さん方に心配と迷惑を掛けてしまったことを，心からおわびする。現在，少しでも早く営業が再開できるように，復旧に努力しているので，どうかこれからも今まで同様，ごひいきにしてほしい。本当なら，こちらから出掛けてお礼を言わないといけないのだが，復旧作業中のことでもあって，取りあえずは手紙でお礼する。

※解答の記入欄は次ページです。

1 級

4．次は，創立記念式典の招待状の下書きとして書かれたものですが，形
式が整っておらず，表現の仕方なども適切ではありません。これを，
形式が整った<u>縦書きの招待状</u>として書き改めなさい。

総 発 第 80 号
平成30年7月3日

お取引先の皆様各位

株式会社北岡コーポレーション
代表取締役社長　北岡　修二

弊社創立30周年記念式典のご案内

　貴社ますますご健勝のこととお喜び申し上げます。平素から格別のご高
配をあずかり，ありがとうございます。
　さて，当株式会社北岡コーポレーションは，来る8月1日で創立30周年
を迎えられることになりました。これも一重に皆様方の多大の支援と配慮
のたまものと，全社員，厚く感謝申し上げる次第です。
　つきましては，創立30周年をお祝いいたしまして，平成30年8月3日（金）
11時30分から14時まで，目白グランド会館大ホール（地図同封）において
記念式典およびご祝宴を開催いたしたいと思いますので，ご多用中誠に恐
れ入りますが，ご光臨をお願い申し上げます。なお，末筆ながら，同封の
出欠はがきで7月30日までにご出席の有無をお知らせください。

以上

同封　1　出欠はがき　　　　　　1通
　　　2　目白グランド会館案内図　1通

担当　総務課　山中・小野
電話　03-3200-6675

※解答の記入欄は次ページです。

Ⅲ 実務技能

縦書きで記入 ⇩

191

1 級

5. 制作課の菅野は，新人に用紙の大きさの関係（A1判からA6判まで）を図示して教えることにした。この場合，一目で全体が分かるようにするにはどのように図示すればよいか，その図を書きなさい（定規等は使用しなくてよい）。

（第63回1級　終わり）

1級 第62回

試験時間 140分

1級

Ⅰ 表記技能

1. 次の会社行事を，漢字で書きなさい。

(1) ジチンサイ

(2) イアンリョコウ

(3) ガシコウカンカイ

(4) シュウネンキネンシキテン

(5) エイネンキンゾクシャヒョウショウ

(1)	
(2)	
(3)	
(4)	
(5)	

I 表記技能

2．日本語の文を書くときの区切り符号の使い方について，次の問いに答えなさい。

問1 かぎかっこ（「 」）と二重かぎかっこ（『 』）は，どのようなときに使うのか。それぞれの一般的な用法を二つずつ答えなさい。

かぎかっこ

①
②

二重かぎかっこ

①
②

問2 文書を作成するときに，句読点を付けないことがあるが，これはどのような場合かを答えなさい。

1級 第66回 問題

1級 第65回 問題

1級 第64回 問題

1級 第63回 問題

1級 第62回 問題

195

1 級

3. 「混乱がシュウソクする」という場合と，「混乱をシュウソクする」という場合では，「シュウソク」の漢字が違います。それぞれ，どのように書けばよいか答えなさい。

混乱が＿＿＿＿＿＿＿＿＿＿＿＿＿＿する。

混乱を＿＿＿＿＿＿＿＿＿＿＿＿＿＿する。

4. 次は，年齢とその年齢に行う長寿の祝いの組み合わせです。①中から不適当と思われるものを一つ選び，番号で答えなさい。②その年齢に行う長寿の祝いの適切な名称を漢字で答えなさい。

(1) 70歳　＝　喜寿
(2) 80歳　＝　傘寿
(3) 88歳　＝　米寿
(4) 90歳　＝　卒寿

①不適当な組み合わせ

②適切な祝いの名称

I 表記技能

5．次は，営業本部長に昇進して転任した人への祝い状の一部です。この
中の□部分に適切と思われる語句を書き入れ，格式の整った祝い状に
しなさい。

　さて，□（1）れば，このたび本社営業本部長にご栄転□□□□（2）との□（3），誠に
□□□□□□□□（4）。これも，平素のご精励と卓越したご手腕によるもの
と拝察いたし，敬服に□□□□□（5）。

　今後ともご□□（6）の上，一層のご活躍を遂げられますよう，□□（7）いたします。

　まずは，取りあえず書中をもって□□□（8）申し上げます。　　　（結語）

　なお，別送の品，□（9）だ粗末なものでございますが，お祝いの印として
お□□（10）くだされば□□（11）に存じます。　　　　　　　　　　　　　　　　以上

---

(1)			
(2)			
(3)			
(4)			
(5)			
(6)			

197

1級第**66**回問題

1級第**65**回問題

1級第**64**回問題

1級第**63**回問題

1級第**62**回問題

1 級

(7)		
(8)		
(9)		
(10)		
(11)		

6. 次の各文の（　　）内は，その上の下線部分の意味です。この（　　）内の意味に従って，下線部分の□内に，該当する手紙用語やビジネス文書での言い方を書き入れなさい。

(1) 感謝の□□を表したく存じます。
　　　　（ささやかな気持ち）

(2) □□を差し上げたいと存じます。
　　　（「食事」の謙遜^{けんそん}した言い方）

(3) ご□□を賜り，誠にありがとうございます。
　　　（快く引き受けてくれて）

(4) □□の上，ご祝辞を申し述べさせていただきたいと存じます。
　　　（お目に掛かってお祝いの言葉を言いたい）

I 表記技能

(5) 今後とも一層のご高配を賜りたく，□□□お願い申し上げます。

（くれぐれもお願いする）

(6) ご□□様のご縁談が相調われたとのこと，衷心よりお祝い申し上げます。

（娘さん）

(1)		
(2)		
(3)		
(4)		
(5)		
(6)		

1級 第66回 問題

1級 第65回 問題

1級 第64回 問題

1級 第63回 問題

1級 第62回 問題

199

1級

Ⅱ 表現技能

1．次の文を整えるために，下線部分を書き改めなさい。

> 本年度新設された総合企画部は，市場調査・分析を行う「マーケティング
> リサーチ課」と，調査結果に基づいて製品企画を立案する「プロダクトプラ
> ンニング課」，そしてより効率的な広告活動を企画立案する「イメージプロ
> ダクト課」の3課<u>である</u>。

2．社交文書では，「未熟の身」などのように自分の能力や力量を謙遜し
　て言う語を用いることがあります。これ以外にはどのような語がある
　か，二つ答えなさい。

①
②

II 表現技能

3. 次の文書のタイトルは不適切です。では，この文書のタイトルはどの
   ようなものにすればよいか答えなさい。

誓　約　書

株式会社○○○○
　代表取締役社長殿

　　　　　　　　本人氏名　＿＿＿＿＿＿＿＿＿＿＿＿
　　　　　　　　住　　所　＿＿＿＿＿＿＿＿＿＿＿＿
　　　　　　　　生年月日　　　　年　　　月　　　　日

　このたび，上記の者が貴社社員として採用されることについて，身元保証
人を承諾いたします。本人の勤務に当たっては，貴社の諸規則を順守する
ことを保証いたします。
　万一，本人が規則に反し，故意または重大な過失により貴社に損害を与
えた場合，本人にその責を取らしめるとともに，連帯してその損害を賠償
することを確約いたします。

　　　　　　　　　　　　　　　　（以下省略）

1級

4. あなたが後輩社員から次の質問を受けた場合，どのように答えればよいか。①不適切な箇所を挙げて，なぜ不適切なのかの理由を答えなさい。②適切な書き方を答えなさい。

R社から特約店の申し込みがあったが，申し込み期限が過ぎていることと，新規特約店は既に決まってしまったので断ることにした。そこで，断り状を書いて課長に見てもらったところ，「何とぞご事情ご拝察の上，あしからずご了承してくださいますよう，お願い申し上げます」という文が不適切と注意されたが，どこが不適切なのか理由がよく分からない。どのように書けばよかったのだろうか。

① 不適切な箇所と理由

② 適切な書き方

202

II 表現技能

5．次は，受章に対して祝いの品を贈ってくれた人への礼状の一部です。
この中の下線部分の用語を使って適切な文を書き入れ，格式の整った
礼状にしなさい。

> さて，先般の藍綬褒章受章に際しましては，早速 <u>(1) 丁重　品</u>
> 賜り，<u>(2) 厚情　誠に　厚く　　</u>。
> つきましては，決意も新たに，<u>(3) 業界発展　尽力　所存　　</u>ので，
> <u>(4) 今後とも　倍旧　指導　べんたつ　　</u>。
> 　<u>(5) 略儀　書中　　</u>。　　　　　　　　　　　　　（結語）

(1)	
(2)	
(3)	
(4)	
(5)	

1級 第66回 問題

1級 第65回 問題

1級 第64回 問題

1級 第63回 問題

1級 第62回 問題

203

1級

6. 営業課の多田宗一は,取引先から社名変更のあいさつ状を受け取った。次はそのあいさつ状の一部である。多田は,この中の「弊社儀」の文字の大きさに違和感を覚えたが,先輩は「このような書き方をする場合もあるので間違いではない」という。このことについて,①何を目的にこのような書き方をするのかを答えなさい。②同じ目的でこれとは別の書き表し方をすることがあるが,それはどのような書き方か答えなさい。

> さて、弊社儀、平成二十九年九月一日付をもって、旧社名
> 株式会社誠心情報センターを、株式会社セイシンプランニ
> ングと社名変更いたすことと相成りました。
>
> （略）
>
> （略）

①	
②	

204

Ⅲ 実務技能

1．G社では，研修受講報告書を書式化することにした。このことについて，次の問いに答えなさい。

問1　研修受講報告書の書式化には，報告を受ける人が理解しやすくなるというメリットがあるが，他にはどのようなメリットがあると考えられるか。箇条書きで二つ答えなさい。

①
②

問2　この書式には，どのような項目が必要になるか。タイトル（「研修受講報告書」）以外に，八つ答えなさい。

①	②
③	④
⑤	⑥
⑦	⑧

205

1級

2．次の内容に従って，株主総会決議の通知状を作成しなさい。

1　発　信　者　　東京都新宿区高田馬場一丁目4番15号
　　　　　　　　　滝村食品工業株式会社　代表取締役社長　木下忠男
2　受　信　者　　株主全員
3　発　信　日　　平成29年11月16日
4　表　　　題　　適切と思われるものを付けなさい。

（株主へのあいさつを述べる）
　ところで，今日開催した当社の第45期定時株主総会で，次のように報告と
決議がされたので通知する。まず報告事項である。第45期（平成28年9月1日
から平成29年8月31日まで）の営業報告書，貸借対照表と損益計算書報告の
件ということだが，以上について報告を行った。次に決議事項である。第1号
議案は，第45期剰余金処分案承認の件だが，この議案は，原案の通りに承認
可決されて，期末配当は1株について103円と決定した。第2号議案は，取締
役4名選任の件である。この議案は，原案通り，取締役に木下忠男，白岡由
美の2氏が再選されて，新たに竹川賢治，田山圭一の2氏が選任されて，そ
れぞれ就任した。第3号議案は，監査役1名選任の件ということだが，この
議案は原案の通り，川島修二氏が選任されて就任した。

※解答の記入欄は次ページです。

Ⅲ 実務技能

1級 第**66**回 問題

1級 第**65**回 問題

1級 第**64**回 問題

1級 第**63**回 問題

1級 第**62**回 問題

207

1級

3．次の内容に従って，商標権侵害の申し入れに対する回答状の本文を作
　　成しなさい（表題は不要）。

　　11月30日付内容証明の手紙を受け取った。当社製品「爽快！フルーツ
ティー」の商標が，おたくの製品「爽やかフルーツ茶」の登録商標に酷似し
ているという理由から，販売をすぐにでも中止しろという申し入れ，当社と
しては全く思いもよらないことだ。この「爽快！フルーツティー」は，既に
平成19年9月1日をもって登録済みのところ，ここしばらく事情があって製
造を中止していたものだが，今回，多くの客からの強い要望で復活させた訳
なのだ。手紙によれば，おたくの登録は平成24年10月27日ということらし
いが，もしそれが事実だったら，商標権侵害の申し立ては，むしろ当社から
行うのが筋合いと思う。しかし，当社としては，おたくの商標がこちらの商
標に酷似しているとは考えていないので，この件については，問題にする気
はない。ということで，急ぎ回答する。

※解答の記入欄は次ページです。

1級

4．次は，平成29年10月18日付で，取締役会長，社長および副社長が連名で出す就任のあいさつ状です。この中の【A】および【B】を，下の内容に従って縦書きで作成しなさい。

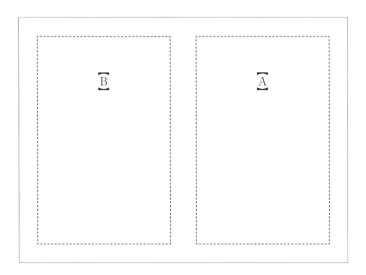

【A】の内容

　　発信者　　株式会社エム・ピー商会　取締役会長　大山麻里子

　（10月に出す場合の取引先に対するあいさつを述べる）
　ところで，私に関することだが，創業以来，当社の代表取締役社長として経営の重大な責任を担ってきたが，今回，第一線を退いて，取締役会長に就任した。社長のときは特別な親切な気持ちをもらい，本当にありがたく心から礼をする。なお，後任の社長には，副社長の井口一彦が，また副社長には，常務取締役の藤島薫が，それぞれ就任したので，私と同じように変わらない指導と支援をもらいたいと願う。
　（手紙で礼とあいさつをする旨の末文）

Ⅲ 実務技能

【B】の内容

発信者　株式会社エム・ピー商会　代表取締役社長　井口一彦
　　　　　　　　　　　　　取締役副社長　藤島　薫

（10月に出す場合の取引先に対するあいさつを述べる）
　ところで，我々両名は，今回大山麻里子の取締役会長就任に伴って，社長
と副社長に，それぞれ就任した。大して力はないが，社業の発展のために脇
目も振らずに一つのことに心を集中して努力するつもりなので，どうか前任
者と同じく指導と励ましを願う。
　（手紙であいさつとお願いをする旨の末文）

※解答の記入欄は次ページです。

211

1級

【B】の内容を縦書きで記入 ⇩

Ⅲ 実務技能

【A】の内容を縦書きで記入 ⇩

1級

5．次の委員会月例会の開催通知を，校正記号を使って添削し，適切な社
　内文書にしなさい。

平成29年11月27日

改 委 発 第 12 号

業務改善委員

業務改善委員長

久保　孝之㊞

月例会の開催について（ご通知）

前略　12月度の月例会を開催いたしますので，ご出席くださいますよう，
よろしくお願い申し上げます。
なお，月例会終了後，木島総務部長を交えて懇親会を行います。

1　日　　時　　12月8日（金）16時から17時30分
2　場　　所　　第2会議室（4階）
3　添付資料　　平成30年活動計画案　1通　　　　　　　　　　草々

担当　総務課　原田
（内線　326）

（第62回1級　終わり）

ビジネス文書検定　実問題集 1・2級（第62回～第66回）

2020年9月1日　　初版発行

編　者　　公益財団法人 実務技能検定協会ⓒ
発行者　　笹森 哲夫
発行所　　早稲田教育出版
　　　　　〒169-0075　東京都新宿区高田馬場一丁目4番15号
　　　　　株式会社早稲田ビジネスサービス
　　　　　https://www.waseda.gr.jp/
　　　　　電話：(03) 3209-6201

落丁本・乱丁本はお取り替えいたします。
本書の無断複写は著作権法上での例外を除き禁じられています。購入者以
外の第三者による本書のいかなる電子複製も一切認められておりません。

ビジネス文書検定
実問題集1・2級
解答編

・・・・・・・

第62回〜第66回

公益財団法人 実務技能検定協会 編

2級　第66回　解答

I　表記技能

1. (1) a 異動　　b 辞令　　(2) a 通勤手当　　b 支給
   (3) ソウサイ　　(4) シンチョクジョウキョウ
   (5) ゲンキンスイトウ

2. (4)

3. (1) 壱　　(2) 弐　　(3) 参　　(4) 拾

4. ① 仮名で書いた方がよいもの － (5)
   ② 「初」を使った方がよいもの － (4)

5. ① － わたくしぎ
   ② － (1)
   ③ － 私こと

6. (1) 高見・高説・卓説・卓見
   (2) ① 微力　　② 所存
   (3) ① 略儀　　② をもって
   (4) 初春・厳寒・大寒

3

2級

Ⅱ 表現技能

1.【解答例】

> 「承る」という語の読み方は,「タマワル」ではなく,「ウケタマワル」~~と読む。~~ **である**

2.⑵

3.【解答例】

（弊社製品）ＡＫ３４５の製造中止について（ご通知）

（弊社製品）ＡＫ３４５製造中止のご通知

4.【解答例】

12月に掲載予定の雑誌広告

雑誌名	発行元	発行部数	広告掲載料
月刊マストＢＵＹ	流行発信社	10万部	120万円
ファッショニスタ	シンデレラ出版	20万部	180万円
ガーリー通信	パステル社	24万部	200万円

5.⑵

6.【解答例】

⑴ 拝受いたしました

⑵ ご指名くださり，厚く御礼申し上げます

⑶ ご回答申し上げます

⑷ 何とぞご検討の上，ご用命を賜りますよう

⑸ ご遠慮なく何なりとお申し付けくださいますよう，お願いいたします

4

Ⅲ 実務技能

1. 【解答例】

```
                                        営 本 発 第 80 号
                                        令和元年11月22日
   営業部員各位
                                        営業本部長


              優秀販売店表彰式の開催について（通知）


    当社製品の販売にご尽力いただいた優秀販売店の表彰式を，下記の
  通り執り行います。
    内容は昨年と同様ですが，担当チーフの指示の下，担当ごとの打ち
  合わせを適宜行ってください。


                      記


  1  日   時    令和元年12月6日（金）
                   第1部（表彰式）  15時から15時45分まで
                   第2部（懇親会）  16時から18時まで
  2  場   所    プリンセスホール赤坂


  添付   1   表彰式進行表    1部
         2   担当任務表      1部
                                             以上


                      担当  営業本部  篠田
                         （内線288）
```

2級

2. 【解答例】

令和元年11月15日

お取引先各位

株式会社ＫＹストア

当社の移転について（ご通知）

拝啓　貴社ますますご隆盛のこととお喜び申し上げます。平素は格別のご愛顧を賜り，厚く御礼申し上げます。

さて，このたび当社は，下記の住所に移転いたすことになりました。これを機に従業員一同，さらに業務に精励いたす所存でございます。何とぞ，今後とも一層のお引き立てを賜りますよう，お願い申し上げます。

まずは，取りあえずご通知かたがたごあいさつ申し上げます。　敬具

記

1　移　転　先　　東京都新宿区高田馬場一丁目4番15号（〒169-0075）
2　電　話　番　号　　03-3200-6675
3　ＦＡＸ番号　　03-3204-6758
4　業　務　開　始　　令和元年12月3日（火）

以上

3. (2)

「稟議書」の読み方－りんぎしょ

4. (1) ○　　(2) ○　　(3) ×

　　(4) ×　　(5) ○　　(6) ×

　　(7) ○　　(8) ×　　(9) ×

5. (2)

（第66回2級　終わり）

| 2級 | 第65回　解答 |

Ⅰ 表記技能

1. ⑴議事録　　⑵議長　　⑶定足数　　⑷動議
　　⑸① 出欠　　② 委任状

2. ⑴

3. ⑴期　　⑵規　　⑶機　　⑷帰　　⑸気

4. ⑴伺う　　⑵承る　　⑶賜る（賜わる）

5.【解答例】
　　⑴衷心
　　⑵高名・尊名・芳名
　　⑶粗品
　　⑷あしからず
　　⑸① ひとかた　　② あずかり

6. ⑴－e　　⑵－c　　⑶－a
　　⑷－h　　⑸－k　　⑹－j
　　⑺－g

第65回 解答

Ⅱ 表現技能

1．【解答例】

> 先般開催のビジネスショーに際しましては，~~関係各位の~~皆様方には，~~多大~~
> ~~なる~~格別のご高配にあずかり，~~ここに~~厚く御礼申し上げます。
> おかげさまで，ショーも全日程を~~全て~~滞りなく終えることができました。
> 詳しくは，いずれ改めて~~詳細に~~ご報告させていただきますが，取りあえず
> 書中をもって御礼申し上げます。

＊「の皆様方」，「格別の」，「詳しくは，」を削除しても可。

2．(1) 6（名）　　(2) 4（日）　　(3)① 50（名）　　② 99（名）

3．【解答例】

　　店舗移転のお知らせ

　　店舗移転について（ご通知）

　　店舗移転についてのご通知

4．問1　　A　はなは（だ）いかん

　　問2　　B (3)

　　　　　　C (3)

5．【解答例】

　　(1) 拝察　　(2) ご賢察・ご高察・ご了察

9

2級

6.【解答例】

⑴ 私儀・私こと

⑵ 微力ながら

⑶ いたす所存でございます

⑷ ご指導ごべんたつを賜りますよう

⑸ 略儀ながら書中をもって（書面にて）

⑹ ごあいさつ申し上げます

Ⅲ 実務技能

1.【解答例】

令和元年7月25日

部員各位

情報システム部長

新入社員の配属先について（通知）

　このたび，4カ月にわたる研修を終えた新入社員の配属が，下記の通り決定したので通知します。

記

1　配　属　先
　　システム開発課　　　　富田　沙也加
　　　　　　　　　　　　　山村　英恵
　　システムサポート課　　中村　賢三
　　コンサルティング課　　山口　祐一郎
　　　　　　　　　　　　　柴田　有美
2　勤務開始　　8月1日

　なお，配属後，新人歓迎会を開催します。詳細は後日改めて通知します。

以上

担当　業務課　細田
（内線285）

2級

2．【解答例】

令和元年7月10日

お取引先各位

株式会社ウイング

当社取引銀行の支店名変更について（ご通知）

拝啓　平素は格別のご愛顧を賜り，厚く御礼申し上げます。

　さて，このたび，当社取引銀行の支店統廃合により，8月1日付で，取扱支店名が下記の通り変更になります。

　つきましては，お手数ではございますが，今後，ご購入代金等は新支店あてにご送金くださるよう，お願いいたします。

　まずは，ご通知かたがたお願い申し上げます。

敬具

記

新支店名　　マスター銀行　青山支店（支店コード　010）
旧支店名　　マスター銀行　表参道支店

なお，口座番号・名義の変更はございません。　　　　　　以上

3．【解答例】

　① 請求年月日　　② 品名の数量　　③ 合計金額

4．① － (1)　　② － (2)　　③ － (2)

5．(1) 料金後納　　(2) 料金別納　　(3) 料金受取人払

（第65回2級　終わり）

2級 第64回 解答

I 表記技能

1. (1) 就業規則　　(2) 有給休暇　　(3) 取得
　　(4) 所定　　(5) 押印　　(6) 替

2. (1) － ③　　(2) － ①　　(3) － ①　　(4) － ②

3. (4)

4. ① 1月
　　② 晩冬
　　③ 早春，春暖　など

5. 【解答例】
　　(1) 盛会
　　(2) たまもの
　　(3) ① 機　　② 一同
　　(4) 賢察・高察・了察
　　(5) 恵贈

6. ① － (2)
　　② － (3)

13

2級

Ⅱ 表現技能

1．【解答例】

> **解決していない**
> N社との製品破損に関する補償問題は，いまだに未解決である。

2．(1) − ⑤　　(2) − ①　　(3) − ④
　　(4) − ②　　(5) − ③

3．【解答例】
　　「マスタープロ5」の取引条件について（ご照会）

4．① − (4)
　　② − 円グラフ

5．【解答例】
　　(1) 受　　(2) 承　　(3) 聴　　(4) 察

6．【解答例】
　　(1) 誠に申し訳ございません（でした）
　　(2) おりますが
　　(3) 貴社にご迷惑をお掛けいたしましたこと
　　(4) ご査収（ご検収）くださいますよう
　　(5) 取り急ぎ
　　(6) おわびかたがたお知らせ申し上げます

14

Ⅲ 実務技能

1．【解答例】

総　発　第　90　号

平成30年11月9日

課長各位

総務部長

社内報編集委員の選任について（依頼）

このたび，社内報「HOT&COOL通信」の編集委員を一新することになりました。

ついては，各課から下記により委員を選任し，11月20日までに担当へご連絡ください。

記

1　任　　期　　平成30年12月1日から平成32年11月30日まで（2年間）
2　対　　象　　入社後4年以上の社員
3　人　　数　　各課1名

以上

担当　総務課　町田

（内線　521）

2級

2.【解答例】

平成30年12月3日

お取引先各位

株式会社日本グランドテクノロジー

当社営業部組織の改編について（ご通知）

拝啓　貴社ますますご発展のこととお喜び申し上げます。

　さて，当社では，営業体制の強化および業務の効率化を図るため，下記の通り，営業部組織を改編し，皆様への対応をさせていただくことといたしました。

　つきましては，何とぞご高承の上，倍旧のご指導ご支援を賜りますよう，お願い申し上げます。

　いずれ改めてごあいさつに伺いたいと存じますが，取りあえず書中をもってご通知申し上げます。

敬具

記

新　設　　営業部第1課（法人担当）
　　　　　営業部第2課（官公庁担当）
　　　　　営業部第3課（海外営業担当）

廃　止　　営業部営業課　　　　　　　　　　　　　　　　以上

3．【解答例】

平成30年12月1日

お取引先各位

株式会社日本プレミアム工業

「908TK」の製造中止について（ご通知）

拝啓　貴社ますますご発展のこととお喜び申し上げます。

　さて，当社製品「908TK」は，仕入先の部品生産中止に伴い，製造を中止いたすことになりました。長年にわたりご愛顧を賜り，誠にありがとうございました。

　つきましては，今後の同製品の取り扱いは，在庫がなくなり次第販売終了とさせていただきますので，ご了承くださいますよう，お願いいたします。

　なお，近々，後継機種をご案内いたしますので，引き続きご用命を賜りますよう，お願い申し上げます。

　まずは，取りあえず書中をもってご通知申し上げます。

敬具

4．問1①－(3)

②－さいにん（を）さまた（げない）。

問2　－(4)

5．(1) － ○　　(2) － ○　　(3) － ×

(4) － ○　　(5) － ○　　(6) － ×

(7) － ×　　(8) － ○　　(9) － ×

（第64回2級　終わり）

2級	第63回　解答

Ｉ　表記技能

1. (1) 承　　(2) 専務取締役　　(3) 就任　　(4) 由　　(5) 精勤
   (6) 卓越　　(7) 敬服

2. (2)

3. (1) 枝葉　　(2) 私用　　(3) 使用　　(4) 仕様　　(5) 試用

4. (1) 余寒（の候）　＝　　2月
   (2) 大寒（の候）　＝　　1月
   (3) 向暑（の候）　＝　　6月
   (4) 歳晩（の候）　＝　　12月

5. 【解答例】
   (1) 衷心　　(2) 査収・検収　　(3) 機　　(4) 拝察　　(5) 公私

第63回 解答

6.【解答例】

拝啓　貴社ますますご発展のこととお喜び申し上げます。

（中　略）

まずは、略儀ながら書中をもってごあいさつ申し上げます。

敬具

平成三十年七月十日

株式会社ナチュラル商事
代表取締役社長　秋山　慎二

お取引先各位

19

2級

Ⅱ 表現技能

1. 【解答例】

> ビジネスマンには，~~思いがけない~~不測の事態にも冷静に対処できる判断力
> **が求められている**
> ~~を求めている~~。

＊「不測の」を削除しても可。

2. (1) 歴任　　(2) 兼任　　(3) 赴任　　(4) 再任　　(5) 専任

3. 【解答例】
年会費ご納入のお願い
年会費のご納入について（お願い）

4. 【解答例】
(1) 小宴　　(2) 微力　　(3) 粗品

5. (5)

6. 【解答例】
(1) ご多用のところご来臨くださった
(2) ご丁重なご祝辞を賜り
(3) 何とぞご容赦くださいますよう，お願いいたします
(4) 努力いたす所存でございます
(5) お引き立て（ご愛顧）を賜りますよう
(6) 書中をもって御礼申し上げます

20

Ⅲ 実務技能

1.【解答例】

総 発 第 68 号

平成30年6月25日

社員各位

総務部長

消防設備点検の実施について（通知）

下記の通り，消防法に基づいた消防設備点検を実施するので，通知します。

記

1　日　　　時　　平成30年7月5日（木）8時30分から15時まで
2　場　　　所　　本社ビルおよび別館の全フロア
3　点検内容　　消火器，非常警報機器，火災感知器，避難器具，誘導灯
　　　　　　　　　および標識
4　施行業者　　㈱スター防災

なお，点検時に警報装置が作動するので承知してください。

以上

担当　総務課　吉川

（内線　122）

2級

2.【解答例】

平成30年7月4日

株式会社三葉システム設計
　設計課長　森川　浩太様

桜木精機株式会社
　営業課長　林田　徳弘㊞

弊社新製品「ＳＳ－２」について（ご案内）

拝啓　貴社ますますご発展のこととお喜び申し上げます。
　さて，昨日は，ご多忙中にもかかわらずご引見くださり，誠にありがとうございました。
　その際，ご説明を申し上げました弊社新製品「ＳＳ－２」は，いかがでございましたでしょうか。もし，デモンストレーションをご希望でしたら，技術スタッフを伴って参上いたしますので，ご遠慮なくお申し付けくださるよう，お願いいたします。
　まずは，御礼かたがたご案内申し上げます。　　　　　　　　　敬具

　なお，「ＳＳ－２」のユーザーレポートが『月刊プログレス』8月号で特集されておりましたので，ご参考までに同誌を同封いたしました。
以上

＊発信者の印は，現在では省略されることが多い（採点上は不問）。

第63回 解答

3．【解答例】

> 拝啓　平素は格別のお引き立てを賜り，誠にありがとうございます。
> 　さて，このたび弊社では，米国ランデブー社の日本総代理店受託を機に，8月1日から社名を「日本ランデブー株式会社」に改称いたすことと相成りました。
> 　つきましては，永年のご愛顧に感謝いたしますとともに，皆様方のご期待に沿えるよう，社員一同精励いたす所存でございます。何とぞ今後とも一層のご指導ごべんたつを賜りますよう，お願い申し上げます。
> 　まずは，略儀ながら書中をもってごあいさつ申し上げます。　　　　敬具

4．【解答例】

　　・開催日時

　　・出席者名

　　・議題　　　など

5．(3)

　　折ったポスターの判型 − B5判

（第63回2級　終わり）

2級	第62回　解答

I　表記技能

1. (1) 弊社　　(2) 微力　　(3) 精進　　(4) 所存　　(5) 賜　　(6) 切

2. ① － (3)
   ② － (2)

3. (5)

4. (1) 平衡
   (2) 平行
   (3) 並行

5. (1)

6. 【解答例】
   (1) 幸甚
   (2) 自愛
   (3) 小宴
   (4) ① 万全　　② 期

Ⅱ 表現技能

1．【解答例】

　　⑴ ~~全社員~~ ~~の皆様~~ 各位

　　⑵ ~~引き続き~~ 会議を続行する。

　　⑶ 委員全員が ~~総~~ 入れ替えになる。

　　　　委員 ~~全員~~ が総入れ替えになる。

2．⑵

3．【解答例】

　　① ご回答

　　② 拝復

4．A － ⑴

　　B － ⑶

　　C － ⑴

　　D － ⑵

25

2級

5．【解答例】

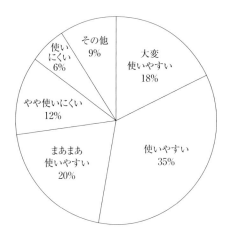
新製品Wの試用調査の結果（モニター500名）

6．【解答例】
(1) 貴社ますますご発展のこととお喜び申し上げます
(2) ご応募くださり・ご応募を賜り
(3) ご協力いただくことに決定いたしました
(4) ごあいさつかたがた
(5) ご説明に伺いたい（参上いたしたい）と存じます
(6) 貴社のご都合をお聞かせいただきたく

Ⅲ 実務技能

1．【解答例】

平成29年12月12日

社員各位

総務部長

セキュリティー対策の実施について（通知）

　昨日，当社の顧客データベースに外部から不正アクセスがありました。幸い被害はありませんでしたが，放置すれば今後，顧客情報の流出等も起こり得ます。

　ついては，下記により緊急のセキュリティー対策を実施するので，承知してください。

記

1　日　　時　　12月14日（木）15時から21時まで
2　施行業者　　（株）日本セキュリティーズ

　なお，作業中はホームページを一時的に閉鎖するので，併せて承知してください。

以上

担当　システム管理室　吉川

（内線　324）

2級

2．【解答例】

平成29年12月4日

株式会社ライブラリーセンター
　　施設課長　須山　進様

クリア工業株式会社
　　営業課長　山崎　昇太㊞

「ＣＬＥＡＲ－Ⅲ」納期延長のお願い

拝啓　このたびは当社製品「ＣＬＥＡＲ－Ⅲ」のご注文を賜り，厚く御礼申し上げます。
　　さて，既にご案内の通り，本製品は注文生産品のため，ご注文いただいてからお納めするまで2週間程度お時間を頂いております。
　　つきましては，1日でも早くご納品できますよう努力いたしますが，貴社ご指定の納期より4日ほど遅くなりますことをご容赦いただきたく，お願い申し上げます。
　　まずは，取り急ぎ納期延長のお願いを申し上げます。　　　　　　　　　敬具

担当　営業課　高山
電話　03-3200-6675

＊受信者の印は，現在では省略されることが多い（採点上は不問）。

3.【解答例】

> 拝啓　貴社ますますご隆盛のこととお喜び申し上げます。
> 　さて，このたびの契約締結に際しましては，格別のご高配を賜り，厚く御礼申し上げます。弊社におきましても，業界最大手の貴社との契約とあって，一同大変喜んでおります。
> 　今後は，微力ながら貴社のお力となれますよう，鋭意努力いたす所存でございますので，何とぞ末永くご愛顧を賜りますよう，お願い申し上げます。
> 　まずは，取りあえず書中をもって御礼申し上げます。　　　　　　　敬具

4.　A － (2)
　　B － (1)
　　C － (3)
　　D － (1)

5.　○ － (1)，(2)，(4)，(7)
　　× － (3)，(5)，(6)，(8)

（第62回2級　終わり）

1級　　第66回　解答

Ⅰ 表記技能

1. (1) 今般　　(2) 一統　　(3) 拝察　　(4) 躍進　　(5) 遂　　(6) 衷心
   (7) 拝顔　　(8) 諸事　　(9) 取 (り) 紛 (れ)　　(10) 意 (を) 得 (ず)

2. A 賀詞
   B 交換会
   C 交歓会

3. ① 読み方　a しゅんこうしき　　b しんしき　　c かんぬし
   　　　　　 d のりと　　e たまぐしほうてん　　f (お) みき
   ② □部分　次第

4. (3)
   不適当な語の適切な言い方 − 初夏 (の候), 向暑 (の候) など

5. ①【解答例】
   (1) 由・趣・段　　(2) 至極　　(3) 傘寿　　(4) ひとえに
   (5) たまもの　　(6) 微意　　(7) 小宴　　(8) 折から・ところ
   (9) 光臨・来臨　　(10) 栄　　(11) 謹んで
   ②【解答例】
   自分または自分側のことを行末に書くことで,謙遜の気持ちを表すため。

6. ① 消印
   ②【解答例】
   収入印紙を使用済みにし,印紙税を納めたことにするため。

30

Ⅱ 表現技能

1．【解答例】

> A社製品に設計上のミスが発覚し，返品が相次いだ。同社開発チームは汚名
> 返上
> 挽回を図るべく，寸暇を惜しまず製品の改良に全力を注いだ。
>   惜しんで

＊「汚名」を「名誉」に書き換えて，「名誉挽回」としても可。

＊「寸暇」を「骨身」に書き換えて，「骨身を惜しまず」としても可。

2．注文請け書

　　請け書

3．【解答例】

① ご賢察・ご高察・ご了察　など

② ご容赦・ご寛容・ご海容・ご寛恕　など

4．【解答例】

〔問題点の指摘〕

　円グラフなので，シェア・推移ともに年度ごとの比較がしにくい。

〔適切なグラフ例〕

製品Fの競合他社とのシェア比較

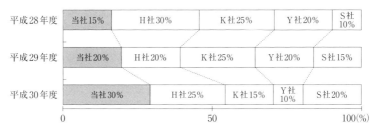

1級

5. 【解答例】

(1) ① （ご）ぼどうさま
② 相手の母親

(2) ① （ご）がくふさま
② 相手の妻の父親

(3) ① （ご）そんぷさま
② 相手の父親

6. 【解答例】

(1) 私儀（私こと），このたび第30回定時株主総会および取締役会において，弊社代表取締役社長に選任され，このほど就任いたしました

(2) もとより未熟の身ではございますが，社業の発展のため鋭意努力いたす所存でございます

(3) 何とぞ前任者同様，ご指導ご支援を賜りますよう，お願い申し上げます

(4) まずは，略儀ながら書中をもってごあいさつ申し上げます

Ⅲ 実務技能

1．【解答例】

覚　　書

　株式会社ファクトリー技研（以下，甲という）および株式会社サンクリエイト電工（以下，乙という）は，「共同技術開発に関する契約（平成28年11月1日付）」を解除することで両者合意した。

　なお，同契約書の内容は，乙が設立した新会社株式会社サンクリエイトエネルギーと甲とが交わす契約書に引き継ぐものとする。

　以上の証しとして，本書2通を作成し，甲乙各1通を保有する。

　　令和元年12月2日

　　　　　　　　　　（甲）群馬県高崎市中央町三丁目2番1号
　　　　　　　　　　　　　株式会社ファクトリー技研
　　　　　　　　　　　　　　代表取締役社長　青山　香織㊞

　　　　　　　　　　（乙）東京都新宿区高田馬場一丁目4番15号
　　　　　　　　　　　　　株式会社サンクリエイト電工
　　　　　　　　　　　　　　代表取締役社長　坂本　祐三㊞

---

1 級

2．【解答例】

> 拝啓　貴社ますますご隆盛のこととお喜び申し上げます。平素は格別のご愛顧を賜り，誠にありがとうございます。
>
> 　さて，早速ではございますが，ご好評をいただいております弊社製品「ジェネシス」シリーズ，昨年末以来，原油価格をはじめとする諸原材料の高騰が相次いでおり，弊社といたしましても対処の限りを尽くしましたが，もはや現状価格を維持することが困難な次第となりました。
>
> 　つきましては，誠に不本意ながら，12月16日から，シリーズ各製品とも10％の値上げをさせていただくことといたしました。
>
> 　販売店各位には，大変ご迷惑をお掛けいたしますが，何とぞ事情ご賢察の上ご理解を賜りますよう，お願い申し上げます。
>
> 　まずは，取りあえずご通知かたがたお願い申し上げます。　　　　　　敬具

3．【解答例】

①どのような郵便か

　確実な配達のため，郵便局が引き受けから配達までを記録しておき，事故の場合は一定の範囲内で賠償してくれる。

②種類と用途

・一般書留　－　高額（5万円を超える）の金券や品物などを郵送する場合に利用する。

・現金書留　－　現金を郵送する場合に利用する。

・簡易書留　－　重要書類等や，少額の金券や品物などを郵送する場合に利用する。

4.【A】解答例

拝啓　晩秋の候、貴社ますますご隆盛のこととお喜び申し上げます。

さて、弊社は十一月一日をもって株式会社ユニバース映像を合併し、同社の営業およびそれに伴う権利義務一切を承継いたしましたので、ここにご通知申し上げます。

つきましては、この合併を機に、国内最大規模の総合エンターテインメント企業として皆様方のご期待に沿えるよう、鋭意努力いたす所存でございますので、何とぞご高承の上、倍旧のご指導ご支援を賜りますよう、お願い申し上げます。

まずは、略儀ながら書中をもってご通知かたがたごあいさつ申し上げます。

敬具

令和元年十一月十五日

ワールドレコード株式会社
代表取締役社長　山岡　裕美子

1級

【B】解答例

拝啓　向寒の候、ますますご発展のこととお喜び申し上げます。

さて、当社は、十一月一日をもって、ワールドレコード株式会社と合併いたしましたので、ここにお知らせ申し上げます。

顧みれば、創業以来、今日まで着実に発展してまいりましたのも、ひとえに皆様方のご支援のたまものと深謝いたしております。

なお、今後はワールドレコード株式会社の映像部門として、旧来のご愛顧にお応えいたす所存でございます。何とぞ一層のご支援ご教示のほど、お願い申し上げます。

まずは略儀ながら書面にて御礼かたがたごあいさつ申し上げます。

敬具

令和元年十一月十五日

株式会社ユニバース映像
代表取締役社長　小野田　芳夫

第66回 解答

5．【添削例】

令和元年12月13日
営　発　第　92　号

株式会社エース・コーポレーション
　総務課各位殿
　　　　御中　　　　　　　株式会社クイックメンテナンス
　　　　　　　　　　　　　　　営業部

　　　　　　　　　　　　　　　　　　　　　　ご
　　　　　　1月度の施設保守点検について（通知）

拝啓　平素は格別のお引き立てをあずかり，厚く御礼申し上げます。
　　　　　　　　　　　　　　に

　　　　　　　　　　　　　　　　　トル　　下記の通り
さて，1月度の貴社施設保守点検のメンテナンスを実施させていただきます
　　　　ご承知
ので，あしからずご容赦してくださいますよう，お願い申し上げます。

　　　　　　　　　　　　　　　記

　　　　　　　　　　　　　　　　　　トル　　まで　　敬具
1　エレベーター点検　　1月18日（土）　午後13時から16時

　　　　　　　　　　　　　　　　　　トル　　　まで
2　空調機点検　　1月19日（日）　午前8時30分から12時

　　　　　トル　　　　　　　　　　　　　　　　　　以上
今後とも倍旧のご愛顧を賜りますよう，お願い申し上げます。
まずは，取り急ぎ書面にてご報告申し上げます。

担当　営業部　岡本
電話　03-3200-6675

（第66回1級　終わり）

1級	第65回　解答

Ⅰ 表記技能

1. (1) 貴殿　　(2) 永年　　(3) 精勤　　(4) 興隆
   (5) 寄与　　(6) 功績　　(7) 贈呈　　(8) 表

2. 【解答例】
   ①「お話を伺う」「お宅に伺う」などのように,「聞く・行く」の謙譲
   語として使うときは漢字にする。
   ②「顔色（機会・様子）をうかがう」など,「そっと見る・狙う・時
   機の到来を待つ」の意味の場合は平仮名にする。

3. ① － (3)
   ② － (1)
   ③ オ（し）　－ 推
   　　ハカ（る）　－ 量

4. 【解答例】
   (1) 旧に倍する　　(2) 堪えません　　(3) ① おわび　　② 感謝
   (4) 休心

5. (1) 70歳 － 古希（古稀）
   (2) 77歳 － 喜寿

6. 【解答例】
   ① 儀　　② かねて　　③ 来る　　④ 相　　⑤ かたがた
   ⑥ お繰り合わせ　　⑦ 来臨・光臨　　⑧ 栄

Ⅱ 表現技能

1．【解答例】
　①問題点
　　早川部長が，木村営業部長と一緒に岡田企画部長を訪問したのか，木村営業部長と岡田企画部長のそれぞれを訪問したのかがはっきりしない。
　②指摘に基づいた書き換え
　　⑴ 早川部長はイベント企画の打ち合わせのため，Ａ社の木村営業部長と一緒に，Ｃ社の岡田企画部長を訪問した。
　　⑵ 早川部長はイベント企画の打ち合わせのため，Ａ社の木村営業部長とＣ社の岡田企画部長のそれぞれを訪問した。

2．辞令
　人事通知書

3．【解答例】
　拝聴いたしたい（拝聴したい）
　お聞きいたしたい（お聞きしたい）
　お聞かせいただきたい
　伺いたい（お伺いいたしたい・お伺いしたい）
　承りたい　　　など

1 級

4.【解答・解答例】

 ①   （読み方） （意味と敬語の種類）

  ⑴ 拝誦 はいしょう 「読む」の謙譲語

  ⑵ 御身 おんみ 「（相手の）身体」の尊敬語

  ⑶ 来駕 らいが 「来る」の尊敬語

  ⑷ 粗餐 そさん 「食事」の謙譲語

 ②似た意味の語

  ⑴ 拝読

  ⑵ お体

  ⑶ 来臨

  ⑷ 粗飯

5.【解答・解答例】

 ①⑴ 適切

  ⑵ 不適切

  ⑶ 不適切

 ② ⑵の「ご面会し（て）」と⑶の「お目に掛かる」は，いずれも謙譲語である。会ってくれるのは相手なのだから尊敬語にしないといけないのに，謙譲語で書き表しているので不適切である。

6.【解答例（縦書きで）】

 ① a 暑中お見舞い申し上げます

  b ますますご活躍のことと拝察申し上げます

  c 至って元気に勤務いたしておりますので、他事ながらご休心（ご放念）くださいますようお願いいたします

  d 時節柄ご自愛専一のほど、お祈り申し上げます

 ② 盛夏

第65回 解答

Ⅲ 実務技能

1.【解答例】

①「格式を重んじたあいさつ状」の作成上の要領

1 縦書きにする。

2 句読点を付けなくてもよい。

3 頭語を「謹啓」，結語を「敬白」としてもよい。

4「さて，私儀（私こと）」は，そこだけ文字を小さくしたり，行末から書き始めてもよい。

5 文書番号や表題，担当者名などは書かない。

6 用紙はカード用紙にし，二つ折りにした右に前任者，左に新任者のあいさつにする。

②「郵送するときの留意点」

1 宛て名は毛筆で書くこと（「宛て名ラベル」は使わないようにする）。

2 手間が掛かっても「料金別納」などにはせず切手（慶事用がよい）を貼ること。

3 カード用紙が入る大きさの洋封筒で送ること。

4 差出人名は新任者にすること。

41

1級

2.【解答例】

総 発 第 45 号
令和元年7月3日

株式会社シグマ産業
　　代表取締役社長　藤村　修三様

　　　　　　　　　　アルファ電器株式会社
　　　　　　　　　　　代表取締役社長　田島　秀夫㊞

　突然で失礼ではございますが，お手紙させていただきます。
　当社では，平成20年以来，電子レンジ「アットホーム」を製造販売して
おりますが，このほど，貴社が「アットホーム」と称する商品を製造販売
されている由の報告を受けました。
　当社製品は，平成19年に商標を登録済み（№12345）で，当社の主
力製品として全国で販売しておりますが，同一商品名の使用は，明らかに
商標権の侵害に相当するかと存じます。即刻，「アットホーム」の名称使用
を中止されるよう，ここに申し入れます。
　つきましては，至急，本件について誠意あるご回答を頂きたいと存じます。
　なお，このたびの申し入れを無視される場合は，当社の被る営業上の損
害に対して，法的に賠償を請求いたす所存でございますので，念のため申
し添えます。　　　　　　　　　　　　　　　　　　　　　　　　以上

3.【解答例】

令和元年7月1日

株式会社ワーキング商会
　営業本部長　柏木　壮一様

コネクトスタッフ株式会社
　事業部長　山下　浩子

拝啓　盛夏の候，ますますご健勝のこととお喜び申し上げます。
　さて，承れば，このたび本社営業本部長に栄転されたとの由，誠におめでとうございます。これも平素のご精勤と卓越したご手腕とによるものと，敬服に堪えません。
　当地にご在勤中はひとかたならぬご懇情を賜り，深く感謝いたしております。新天地におかれましても，何とぞご自愛の上，さらなるご活躍を遂げられますよう，お祈り申し上げます。
　まずは，略儀ながら書中をもってお祝い申し上げます。　　　　　敬具

　なお，別送の品，甚だ粗末なものでございますが，お祝いの印としてお納めいただければ幸いでございます。　　　　　　　　　　以上

1級

４．【解答例】

謹啓　盛夏の候、貴社ますますご隆盛のこととお喜び申し上げます。

さて、私儀、先般開催の第四十回株主総会および取締役会で弊社代表取締役社長に選任され、このほど就任いたしました。

つきましては、就任のごあいさつを申し上げ、今後一層のご支援をお願いいたしたく、左記の通り小宴を催すことにいたしましたので、ご多忙中誠に恐れ入りますが、お繰り合わせの上ご出席くださいますよう、ご案内申し上げます。

敬白

記

一　日　時　　令和元年八月二日（金）十五時から十七時まで
一　場　所　　東京セントラルシティホテル　天上の間（十二階）

令和元年七月八日

株式会社小野田コーポレーション
代表取締役社長　豊島　隆史

お得意様各位

　なお、お手数ではございますが、同封の出欠はがきでご出欠の有無を七月二十九日までにご返送いただきたくお願いいたします。

以上

5．【解答例】

　①コピーを取るときの注意点

　　1　他の人の目に触れないようにコピーする。

　　2　必要枚数だけコピーする。

　　3　ミスコピーはシュレッダーにかける。

　　4　コピー機に原紙を忘れないようにする。

　②郵送するときの注意点

　　1　簡易書留扱いにする。

　　2　封筒は中身が透けて見えないものを使う。

　　3　封筒に「親展」と書く。

（第65回1級　終わり）

1級　第64回　解答

Ⅰ　表記技能

1．⑴ 署　　⑵ 謄　　⑶ 提　　⑷ 致　　⑸① 殊　　② 外

2．【解答例】
　　⑴「乗り」と「降り」という意味が反対の関係にある語の複合語であ
　　　るから，省かない方がよい。
　　⑵「危い」とすると，「アブナイ」と誤読される恐れがあるので，省
　　　かない方がよい。
　　⑶ 読み間違う恐れがないので，省いてもよい。

3．【解答例】
　　自　平成30年4月1日
　　至　平成31年3月31日

4．⑴ 感心　　　⑵ 歓心　　　⑶ 関心　　　⑷ 寒心

5．【解答例】
　　① ご丁重　　② ご恵贈　　③ 厚く御礼申し上げます
　　④ 心　　⑤ 感謝（深謝）　　⑥ 専一　　⑦ 新春（新年）

6．【解答例】
　　①問題点とその理由
　　　取引先の仕入課長に対して，担当者の池口が発信者として回答して
　　　いる点が問題である。ビジネスの場での文書のやりとりは，ほぼ同
　　　格の職名で行うのが礼儀だからである。

46

②どのように改善すればよいか

回答状では，取引先の仕入課長が受信者になるのだから，同格の営業課長を発信者にするのがよい。池口の名前は「担当」として回答状の右下部分に書けばよい。

Ⅱ 表現技能

1．【解答例】

①問題点の指摘

前年度入社した社員の仕事への取り組み方が，積極的であるとも積極的でないともどちらにも取れる。

②書き換えの例

(1)

ほど・に比べて・よりは

今年度入社の社員は，全体的な傾向として，前年度入社した社員のように仕事への取り組み方が積極的ではない。

(2)

と同じように・と同様に

今年度入社の社員は，全体的な傾向として，前年度入社した社員のように仕事への取り組み方が積極的ではない。

2． a 諮問

b 答申

3．委任

47

1級

4.【解答例】

① お召し上がりになる

「食べる」の尊敬語「召し上がる」と「お〜になる」という尊敬語が二重に使われている。

② お見えになる

「来る」の尊敬語「見える」と「お〜になる」という尊敬語が二重に使われている。

③ お伺いする

「聞く・行く」の謙譲語「伺う」と「お〜する」という謙譲語が二重に使われている。

5.【解答例】

⑴ 承れば（承りますれば）

⑵ 傘寿

⑶ お迎えになったとの由（こと）

⑷ 慶賀

⑸ 手本といたすところでございます

Ａ ご自愛の上，ますます長寿を重ねられ，後進をご指導くださる

Ｂ 改めて 参上の上，ご祝詞を申し述べさせていただきたい

Ｃ 取りあえず 書中をもってお祝い申し上げます

6.【解答例】

① 忌み言葉（忌み詞・忌言葉・忌詞）

② 不吉なことや不愉快なことを連想させるので，場合によって使用を避ける語。

③ 切れる，終わる，破れる，燃える，失う，焼ける，再び，重ねる，つぶれる　など

Ⅲ 実務技能

1. 【解答例】

　① 会社沿革

　② 資本金額

　③ 年商

　④ 株式の発行数

　⑤ 主な事業（営業種目）

　⑥ 役員名・従業員数

　⑦ 主要な取引先

　⑧ 取引のある金融機関　など

1級

2．【解答例】

雇用契約書

　株式会社フロッグスイミングスクール（以下甲という）および香山沙織（以下乙という）は，下記の通り雇用契約を締結する。

1	雇 用 期 間	平成30年12月1日から平成31年5月31日まで(6カ月間)
2	就 業 場 所	青山教室
3	業 務 内 容	受付事務
4	就 業 時 間	10時から18時まで（実働7時間）
5	休 憩 時 間	12時から13時まで
6	休　　　日	月曜日・火曜日
7	賃　　　金	時給1,200円
8	時間外手当	18時以降，30分につき25%増し
9	通 勤 手 当	1カ月の通勤定期代を実費支給
10	賃 金 支 給	毎月月末締め翌25日支払い（銀行振込）
11	契 約 更 新	本契約書の契約期間終了後，甲が乙を必要とし，乙も継続の意思があれば更新する。

　なお，契約成立の証しとして本契約書を2通作成し，署名押印の上，甲乙が1通ずつ保有する。

　平成30年11月28日

甲　東京都港区中央一丁目5番11号
　　株式会社フロッグスイミングスクール
　　代表取締役社長　　本田　康平㊞

乙　東京都新宿区高田馬場一丁目4番15号
　　　　　　　香山　沙織㊞

3.【解答例】

平成30年12月3日

ビクトリー産業株式会社
　　総務課長　伊東　秀一様

株式会社ワークスアゲイン
営業課長　白井　健司㊞

　拝啓　貴社ますますご隆盛のこととお喜び申し上げます。
　さて，先般は数ある同業者の中から，弊社製品をご購入くださり，誠に
ありがとうございました。その後，ご使用になったご感想はいかがでござ
いましょうか。もし，ご不満の点などおありでしたら，ご遠慮なくお申し
付けいただきたく存じます。
　つきましては，貴社関連会社のビクトリー通信様にも，ぜひとも弊社製
品のご採用をご検討願いたいと存じておりますが，ご担当の方をご紹介い
ただくわけにはまいりませんでしょうか。
　近日中には参上いたし，改めてお願いを申し上げる所存ではございます
が，あらかじめご承知おきいただきたく，甚だ失礼ながら書面にてお願い
を申し出た次第でございます。
　ご多忙中ご迷惑とは存じますが，何とぞご高配を賜りますよう，お願い
申し上げます。　　　　　　　　　　　　　　　　　　　　　　　敬具

1級

4．【解答例】

拝啓　余寒の候、貴社ますますご隆盛のこととお喜び申し上げます。

さて、このたび弊社では、研究開発部門を分離独立させ、新たに株式会社アドバンス研究所として発足させることとなりました。これに伴い、弊社常務取締役　岡島澄江を新会社の代表取締役社長に選任いたしましたので、何とぞご高承の上、弊社同様、ご指導ご支援を賜りたく、お願い申し上げます。

つきましては、新会社発足披露の小宴を、左記の通り開催いたしたく存じますので、ご多用中誠に恐れ入りますが、ご来臨を賜りますよう、ご案内申し上げます。　　敬具

記

一　日　時　　平成三十一年三月一日（金）十六時から十八時まで
一　場　所　　ホテルベイエリア東京　陽光の間（地図同封）

平成三十一年二月四日

株式会社中央総合テクノロジー
代表取締役社長　向井　静夫

なお、お手数ではございますが、ご出席の有無を同封のはがきで、二月二十二日までにお知らせくださるよう、お願いいたします。

以上

52

5.【解答例】

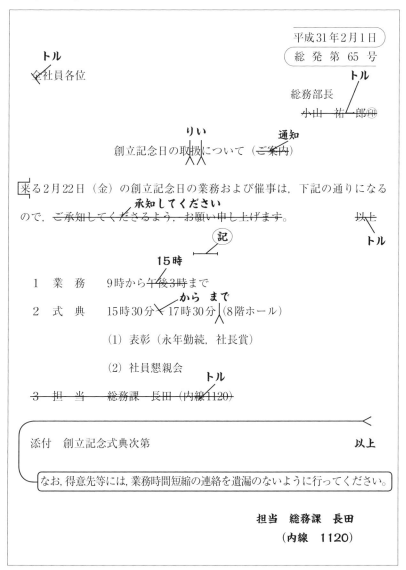

1級	第63回　解答

Ⅰ 表記技能

1. (1) 守秘義務　　(2) 社是　　(3) 分掌　　(4) 慶弔金　　(5) 服務規律

2. 【解答例】

「角を曲がった<u>所</u>にあるビル」など，「場所・位置」を表すときは，漢字にする。

「今の<u>ところ</u>連絡はない」など，「場所・位置」のことでないときは，平仮名にする。

3. 【解答例】

(1) 拝受・落手　　(2) 堪えません　　(3) 深謝　　(4) ご容赦・お許し

(5) ① ひとかた　② 厚情　③ あずかり

4. (1) 異義　　(2) 威儀　　(3) 異議　　(4) 意義

5. 【解答例】

① 暑中お見舞い申し上げます　　② 拝察　　③ 他事

④ ご休心・ご放念　　⑤ 時節　　⑥ ご自愛

⑦ お祈り（ご祈念）　　⑧ 盛夏

6. 【解答例】

① □の印 － 社印

　　○の印 － 代表者印

② ○の印（代表者印）は，会社設立の際に登記所に登録しておかなければならないが，□の印（社印）は登記所への登録は要らない。

③ 記名押印（記名捺印）

54

Ⅱ 表現技能

1．【解答例】

①問題点の指摘

当社が抱える課題が，社員リーダーを短期間で育成することなのか，接客マナーを短期間で教えられる社員リーダーを育成することなのかがあいまいである。

②書き換えの例

⑴ 当社が抱えている課題は，接客マナーを教えられる社員リーダーを，短期間のうちに育成しなければならないということである。

⑵ 当社が抱えている課題は，接客マナーを短期間のうちに教えられる社員リーダーを育成しなければならないということである。

2．【解答例】

⑴ 分譲　　⑵ 譲渡　　⑶ 譲歩　　⑷ 委譲

3．定款

4．【解答例】

①不適切な理由（別の考え方）

「ご栄転さ」の部分は，「ご栄転する」という謙譲語である。栄転するのは相手だから尊敬語で表さなければいけないのに，謙譲語を用いているから。

②適切な敬語表現

ご栄転なさる，ご栄転になる，栄転なさる，

栄転される，ご栄転　　　など

1 級

5. 【解答例】

⑴ ひとえに皆様方のお力添えのたまものと，深く感謝いたしており
ます

⑵ 旧来のお引き立てにお応えできるよう，一層 努力いたす所存でご
ざいます

⑶ 何とぞ 今後とも倍旧のご支援ご教導を賜りますよう，お願い申し
上げます

⑷ まずは，略儀ながら，書中をもって御礼かたがたごあいさつ申し
上げます

6. 【解答例】

~~前略~~
謹啓 ~~ますますご健勝のこととお喜び申し上げます。平素は格別のご愛顧を賜り，厚く御礼申し上げます。~~

~~さて，早速ではございますが，~~ 4月30日付でご請求いたしました4月分の商品代金820,000円，~~毎度そのご督促にもかかわらず，~~ いまだに入金の確認
　　　　　　　　　　　　　　　　　　　　　　　　　っております　　ず
ができかね，大変困り果てています。

　　　　　　　　　　　　　　　　　　　いたす
　誠に催促がましく存じ~~上げ~~ますが，今月は当社の決算期に当たり，帳簿整
　　　　　の上　　　　　　　　　　　　　　　　　　　　　　　　くださいますよう，お願いいたします
理をさせていただく都合もございますので，~~ご多忙中誠に恐れ入りますが，~~
至急お調べになられて，~~ご送金してください。~~

　なお，8月末日までにお支払いいただけない場合は，甚だ不本意ながら，今後のご注文は辞退いたすほかなく，売買契約に基づき，適切な処置も取ら
　　　　　　　　　　　　　　　　　　ております
~~さ~~せていただかなくてはと存じ~~上げています。~~

　　　賢察
~~事情ご拝察の上，ぜひともご送金~~いただきたくお願い申し上げ，ご
　　　　　　　　　　　　　　　　　　　　　　　　　　　　　　　草々
督促のご通知とさせていただきます。　　　　　　　　　　　　　敬具

　　　　　　　　　　　　　　　ご容赦
　なお，本状と入れ違いにご送金の節は，その旨ご一報願います。

　　　　　　　　　　　　　　　　　　　　　　　　　　　　　　以上

1級

Ⅲ 実務技能

1．【解答例】

①改善点の指摘

契約当事者が，それぞれの社名を繰り返して用いなくて済むように，「甲」「乙」などの別の言い方に置き換えた方がよい。

②書き改めた契約書

建物売買契約書

　チェリーロジスティクス株式会社（以下，甲という）および株式会社エックスグループホールディングス（以下，乙という）は，下記の通り，建物売買に関する契約を締結した。

第1条　　甲は，乙に対し，甲の所有する建物（以下，本件建物という）を現状のまま売り渡し，乙はこれを買い受ける。

58

2．【解答例】

平成30年7月10日

公益社団法人環境影響評価協会
　　会長　奥野　武史様

株式会社環境測定工業
代表取締役社長　三上　祐介

　拝復　ますますご清祥のこととお喜び申し上げます。平素は格別のご高配
を賜り，厚く御礼申し上げます。
　さて，承ればこのたびご著書を上梓されたとの由，誠におめでとうござ
います。また，その出版記念パーティーに私のような若輩までお招きくだ
さり，光栄に存じます。
　せっかくご祝宴のお招きをいただきましたが，あいにく当日は所用のた
め参上いたしかねるのが残念でございます。何とぞあしからずご了承くだ
さいますよう，お願い申し上げます。
　まずは，取りあえず書中をもってお祝い申し上げます。　　　　敬具

　なお，別送の品，甚だ粗末なものではございますが，お祝いの印とし
てお納めいただければ幸甚に存じます。　　　　　　　　　　　以上

1級

3.【解答例】

拝啓　貴社ますますご隆盛のこととお喜び申し上げます。

　さて，このたびの当社八王子倉庫の延焼に際しましては，早速ご丁重な
お見舞いを賜り，誠にありがたく，厚く御礼申し上げます。

　当日は，火元が遠いため油断をしておりましたが，折からの強風にあお
られ，延焼に至った次第でございます。しかしながら，不幸中の幸いか，
けが人も出ず最小限の被害に留めることができました。皆様方には，大変
ご心配ご迷惑をお掛けいたしましたことを，深くおわび申し上げます。

　現在，一日も早い営業再開を目指し，復旧に努めておりますので，何と
ぞ今後とも変わらぬご愛顧のほど，切にお願い申し上げます。

　本来ならば，お伺いいたし御礼を申し上げるところではございますが，
復旧作業中のことでもあり，取りあえず書中をもって御礼申し上げます。

敬具

４．【解答例】

拝啓　貴社ますますご隆盛のこととお喜び申し上げます。

さて、当株式会社北岡コーポレーションは、来る八月一日をもって創立三十周年を迎えることと相成りました。これもひとえに皆様方の多大のご支援ご高配のたまものと、社員一同、衷心より感謝申し上げます。

つきましては、創立三十周年を祝し、左記により記念式典ならびに小宴を開催いたしたいと存じますので、ご多用中誠に恐れ入りますが、ご光臨の栄を賜りたくご案内申し上げます。

敬具

記

一　開催日時　平成三十年八月三日（金）　十一時三十分から十四時まで

一　場　　所　目白グランド会館　大ホール（地図同封）

平成三十年七月三日

お取引先各位

株式会社北岡コーポレーション

代表取締役社長　北岡　修二

なお、お手数ではございますが、同封の出欠はがきで七月三十日までにご出席の有無をお知らせくださるよう、お願いいたします。

以上

5．【解答例】

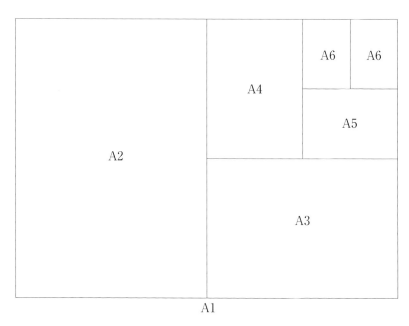

（第63回1級　終わり）

1級　第62回　解答

Ⅰ　表記技能

1. (1) 地鎮祭　　(2) 慰安旅行　　(3) 賀詞交歓会（交換会）
　　(4) 周年記念式典　　(5) 永年勤続者表彰

2. 【解答例】
　　問1　〔かぎかっこ〕
　　　　　① 会話を表すとき。
　　　　　② 引用であることを表すとき。
　　　　　＊「語句を強調したいとき」など
　　　　〔二重かぎかっこ〕
　　　　　① 書名・作品名を表すとき。
　　　　　② かぎかっこの中で，さらにかぎかっこを用いるとき。
　　問2　儀礼的な縦書きの社交文書を作成する場合。

3. 混乱がシュウソクする。－ 終息
　　混乱をシュウソクする。－ 収束

4. ① (1)
　　② 古希（古稀）

5. 【解答例】
　　(1) 承　　(2) なさった・になった　　(3) 由
　　(4) おめでとうございます　　(5) 堪えません　　(6) 自愛
　　(7) 祈念　　(8) お祝い　　(9) 甚　　(10) 納め　　(11) 幸甚

1 級

6．【解答例】
    (1) 微意　　(2) 粗飯・粗餐　　(3) 快諾　　(4) 拝顔・拝眉
    (5) 伏して　　(6) 令嬢・息女

Ⅱ　表現技能

1．【解答例】

> 　本年度新設された総合企画部は，市場調査・分析を行う「マーケティング
> リサーチ課」と，調査結果に基づいて製品企画を立案する「プロダクトプラ
> ンニング課」，そしてより効率的な広告活動を企画立案する「イメージプロ
> ダクト課」の3課**から成る**である。

＊「から構成されている」なども可。

2．【解答例】
    ① 微力
    ② 若輩
    ＊浅学非才　なども可。

3．身元保証書

64

第62回 解答

4．【解答例】

　①不適切な箇所と理由

　　1　ご事情ご拝察の上

　　　⑴ この場合の「事情」とは，自分側の事情なのに，「ご事情」と
　　　　なっているから。

　　　⑵「事情を察する」のはR社だから尊敬語にしないといけないの
　　　　に，謙譲語の「拝察」を使っているから。（謙譲語（「拝察」）
　　　　に尊敬の「ご」を付けても，尊敬語にすることはできないから）

　　2　ご了承してくださいますよう

　　　「ご了承し（て）」の部分は「ご〜する」という謙譲語になって
　　　いる。本来，高めるべきR社のことを謙譲語で言うのは，R社を
　　　低めることになるから。

　②適切な書き方

　　事情ご賢察（ご高察・ご了察・ご推察）の上

　　ご了承くださいますよう

5．【解答例】

　⑴ ご<u>丁重</u>なお品をご恵贈

　⑵ ご<u>厚情</u>のほど<u>誠</u>にありがたく，<u>厚</u>く御礼申し上げます

　⑶ <u>業界発展</u>のため，さらに<u>尽力</u>いたす<u>所存</u>でございます

　⑷ 何とぞ<u>今後とも</u>　倍旧のご指導ご<u>べんたつ</u>を賜りますよう，お願い
　　申し上げます

　⑸ まずは，<u>略儀</u>ながら<u>書中</u>をもって，御礼申し上げます

6．【解答例】

　①「弊社儀」「私儀」などの自分のことを小さい文字で書くことで，
　　読み手に対してへりくだりの気持ちを表そうとしている。

　②「さて，弊社儀」を行末に下げて書く。

65

1級

III 実務技能

1.【解答例】

問1 ① 報告すべき事項の記入漏れを防ぐことができる。

② 記入事項欄に書けばよいので，時間をかけずに作成できる。

問2 ① 提出日

② 提出先

③ 受講者所属部課名

④ 受講者氏名

⑤ 研修名

⑥ 講師名（主催者名）

⑦ 受講日時

⑧ 会場名

⑨ 研修の内容

⑩ 所感（感想）

⑪ 受講料

⑫ 配布資料（使用したテキスト） など

2．【解答例】

平成29年11月16日

株主各位

東京都新宿区高田馬場一丁目4番15号
滝村食品工業株式会社
代表取締役社長　木下　忠男

第45期定時株主総会決議のご通知

拝啓　時下ますますご清祥のこととお喜び申し上げます。
　さて，本日開催の当社第45期定時株主総会において，下記の通り報告および決議がされましたので，ご通知申し上げます。　　　　　　　　　　敬具

記

報告事項　　第45期（平成28年9月1日から平成29年8月31日まで）
　　　　　　営業報告書，貸借対照表および損益計算書報告の件
　　　　　　以上について報告いたしました。
決議事項
　第1号議案　第45期剰余金処分案承認の件
　　　　　　本議案は，原案の通り承認可決され，期末配当は1株につき103円と決定されました。
　第2号議案　取締役4名選任の件
　　　　　　本議案は，原案の通り，取締役に木下忠男，白岡由美の2氏が再選され，新たに竹川賢治，田山圭一の2氏が選任され，それぞれ就任いたしました。
　第3号議案　監査役1名選任の件
　　　　　　本議案は，原案の通り，川島修二氏が選任され，就任いたしました。

以上

1級

3．【解答例】

拝復　11月30日付内容証明のご書簡，拝受いたしました。

当社製品「爽快！フルーツティー」の商標が，貴社製品「爽やかフルーツ茶」の登録商標に酷似しているとの理由から，販売を即刻中止せよとのお申し入れ，当社としては甚だ心外に存じます。

この「爽快！フルーツティー」は，既に平成19年9月1日をもって登録済みのところ，ここしばらくは事情により製造を中止していたものでございますが，このたび多くのお客様からの強いご要望により復活させた次第でございます。

ご書簡によれば，貴社のご登録は平成24年10月27日とのことでございますが，もしそれが事実とすれば，商標権侵害の申し立ては，むしろ当社から行うのが筋合いかと存じます。しかしながら，当社としては，貴社の商標が当商標に酷似しているとは考えておりませんので，本件については，問題にいたす意思はございません。

まずは，取り急ぎご回答申し上げます。

敬具

4. 【A】解答例

拝啓　秋色の候、貴社ますますご発展のこととお喜び申し上げます。

さて、私こと、創業以来、当社代表取締役社長として経営の重責を担ってまいりましたが、このたび、第一線を退き、取締役会長に就任いたしました。社長在任中は格別のご厚情を賜り、誠にありがたく厚く御礼申し上げます。

なお、後任社長には、副社長の井口一彦が、また副社長には、常務取締役の藤島薫が、それぞれ就任いたしましたので、私同様変わらぬご指導ご支援を賜りたく、お願い申し上げます。

まずは、略儀ながら書中をもって御礼かたがたごあいさつ申し上げます。

敬具

平成二十九年十月十八日

株式会社エム・ピー商会
取締役会長　大山　麻里子

1級

【B】解答例

拝啓　秋冷の候、貴社ますますご隆盛のこととお喜び申し上げます。

さて、私ども両名は、このほど大山麻里子の取締役会長就任に伴い、社長および副社長に、それぞれ就任いたしました。

微力ではございますが、社業の発展のため一意専心努力いたす所存でございますので、何とぞ前任者同様ご指導ごべんたつを賜りますよう、お願い申し上げます。

まずは、取りあえず書面にて、ごあいさつかたがたお願い申し上げます。

敬具

平成二十九年十月十八日

株式会社エム・ピー商会

代表取締役社長　井口　一彦

取締役副社長　　藤島　薫

5．【添削例】

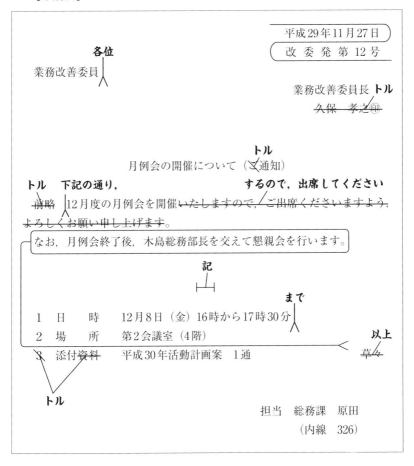

ビジネス文書検定　実問題集 1・2 級（第62 回～第66 回）
解答編

2020 年9月1日　　初版発行

編　者　公益財団法人 実務技能検定協会ⓒ
発行者　笹森 哲夫
発行所　早稲田教育出版
　　　　〒169-0075　東京都新宿区高田馬場一丁目4番15号
　　　　株式会社早稲田ビジネスサービス
　　　　https://www.waseda.gr.jp/
　　　　電話：(03) 3209-6201

落丁本・乱丁本はお取り替えいたします。
本書の無断複写は著作権法上での例外を除き禁じられています。購入者以
外の第三者による本書のいかなる電子複製も一切認められておりません。